真正受過專業訓練的探員，絕不會輕易表現出真
實情緒、曝露自己的底牌！

他們會用心理戰術及語言技巧，和嫌疑人
周旋交鋒，展開一場平和而從容的廝殺，
最終突破對方的心理防線，取得真相！

讀心博弈

FBI 和 CIA 的 心理攻防技巧

王彥◎著

利用語言技巧設計陷阱，引誘對方道出真相！

仔細觀察動作與表情，找出祕密的隱藏關鍵！

讀心術，教你知己知彼，讓你在無聲中廝殺，在從容中制勝！

本書教你在生活中、職場上、人際關係裡也能活學活用這些讀心魔法，細心觀察，理性推敲，再也不怕看不懂人與人之間的肢體語言、眼神暗示！

讀心博弈
FBI 和 CIA 的心理攻防技巧

目錄

第六章
擾亂對手的心智模式──CIA 挫敗對手的心理戰術

第七章
博弈戰中的心理陷阱──FBI 雙雄博弈的心理戰術

第八章
迅速控制對方的情緒──CIA 情緒致勝的心理戰術

前言

　　FBI（Federal Bureau of Investigation，美國聯邦調查局）和 CIA（Central Intelligence Agency，美國中央情報局）成立於二十世紀初，已經有百年的歷史了。FBI 開始的職責是打擊聯邦罪犯，這一特殊的使命使 FBI 在短時間內凌駕於美國警察局之上，並透過一些不俗的戰績獲得了美國政府和公民的認可，由此，FBI 揭開了它輝煌生涯的篇章。

　　FBI 前半部發展歷史，可以稱之為胡佛局長的個人傳記。身為 FBI 第一任局長的他，在 FBI 乃至整個美國高層，具有不可侵犯的地位，甚至在很長一段時間內，對美國歷屆總統來說，FBI 局長胡佛是他們心中的一大隱患。這是因為 FBI 以調查工作為主，竊聽了太多不該聽到的與他們相關的機密（也就是說，胡佛手中握有這些總統的把柄），從而使得他們對胡佛產生了懼怕心理。可以說，這也是 FBI 多年來備受政府指責的一個原因。當然，FBI 更有許多的輝煌時刻——FBI 培訓了一批批優秀的工作人員，一度成為拯救和維護美國秩序的英雄人物，並且在冷戰期間，他們為維護美國本土利益做出了巨大的貢獻。比如，打擊三 K 黨、打擊犯罪集團、捕獲間諜、打擊販毒分子等。如今，FBI 特工仍然是美國反恐的主力軍團。但是，人無完人，FBI 也不例外，在一些重大事件上，FBI 也曾出現過失誤。比如，九一一恐怖襲擊事件、珍珠港事件、水門

事件以及甘迺迪遇刺事件等，甚至就連著名的科學家愛因斯坦、藝術家卓別林等名人也曾受到過 FBI 的懷疑和監視。

由此可以得知的是，FBI 取得的成就與受到的指責，幾乎可以成正比。從 FBI 成立的那天起，它就不是一個簡單的部門，而隨著後來美國的逐步發展，FBI 以榮耀和自豪並駕齊驅，創造了美國史上政府機構的神話。

FBI 隸屬美國司法部，主要工作就是調查違反聯邦法律的人員，調查來自於國外的間諜和恐怖組織。值得一提的是，在這些方面，各法律執行基層都會對 FBI 提供配合和幫助，同時，FBI 還在滿足美國公民需求和忠於美國政府的前提下，履行自己的職責。

與 FBI 不同的是，CIA 隸屬國家安全委員會，主要的任務是祕密收集外國政治、文化、科技等各方面的情報訊息，協調國內情報機構的活動，向總統和國家安全部門報告以及提供收集到的資料訊息。但是，CIA 沒有在美國逮捕人的權利，而實施逮捕行動需要 FBI 的批准和協助。雖然 CIA 沒有太大的實權，但在美國反恐戰爭史上，依然享有不可撼動的地位。在美國發動反恐戰爭之後，表面上看來，美國對阿富汗的打擊和轟炸都是美國大兵的功勞，但實際上，美國能夠取得反恐戰爭的真正勝利，大部分都是依賴於美國特工的情報系統──FBI 和 CIA。

　　FBI 和 CIA 這兩個祕密機構，一個針對美國國內的間諜、恐怖分子和犯罪組織；另一個針對國外收集各國情報，祕密執行特殊行動。FBI 和 CIA 作為美國最主要的兩個情報機構，自然也有一定的競爭性，但由於分工明確，所以彼此相處得還是很融洽的。對於 FBI 來講，透過美國政府的反恐法律，擴大了自己的權利。但是，也有一些高層人士擔心這樣會損害美國的人權。而對 CIA 來講，它更重視技術偵察，因為這樣才能在阿富汗一些偏僻地區找到有價值的情報。但無論是 FBI 的反恐戰爭，還是 CIA 的情報策略，人們想到更多的是，這兩個機構都經常與犯罪嫌疑人打交道。面對那些狡詐多變的恐怖分子，特工總能屢戰屢勝，而他們的致勝「法寶」卻非常簡單──FBI 與 CIA 具有超強讀心術。

　　隨著 FBI 和 CIA 的名字被越來越多的人知曉，特工們的讀心致勝策略，也被人們爭相學習。很多人都希望能從 FBI 和 CIA 的實際辦案中，學到一些讀心技巧，從而讓自己成為一個讀心高手。或許，很多人會認為，FBI 和 CIA 的「讀心魔法」是非常祕密的，其實並非如此。很多時候，FBI 和 CIA 在面對「敵人」的時候，與人們在日常生活中面對陌生人是一樣的，而不同的是，特工善於觀察對手，不動聲色間就能了解其心理狀態；而普通人總會忽略對方的各種行為舉止，所以無法了解對方的真實心理狀態。現在，編者就為你揭開讀心識人的神祕面紗，讓你也可以像特工一樣輕鬆了解對方的心理狀態。

讀心博弈
FBI 和 CIA 的心理攻防技巧

第一章
掌控對手的真實想法──
FBI 不動聲色的讀心魔法

　　美國聯邦調查局是一個頻頻與犯罪分子交鋒的機構，經常需要辦理各種刑事案件。但是，無論 FBI 遇到的對手多麼強大，案件多麼棘手，FBI 總能不動聲色從中找到線索，進而捕獲犯罪嫌疑人。這正是因為 FBI 擁有強大的「讀心魔法」，使得 FBI 常常能占據優勢。而隨著 FBI 知名度的提高，FBI 的讀心智慧也就成了人們爭相關注的焦點，所以，FBI 特工辦案中所採用的「讀心魔法」，就成為人們爭相學習的「智囊」。在心理操控術的運用中和與對手進行心理戰爭的交鋒中，FBI 從來不會認輸，他們總會在恰當的時候向對手發起進攻，以強硬的姿態迫使對手就範，進而贏得最終的勝利。當然，犯罪分子遠比想像中的狡猾，但對於這些棘手的情況，FBI 不會硬碰硬，而是會採用不動聲色的讀心智慧，解讀犯罪嫌疑人內心的密碼，讓自己在心理戰爭中占據主導地位。

FBI 如何不動聲色解讀出對方的心理變化

　　在辦案時，FBI 特工對有意識的行為語言更加重視。因為一個人所表現出來的行為，都是在他的意識思維支配下做出的，然後再透過思維控製做出各種行為反應。其實，FBI 的這一觀念來自於心理學家的一些理論。比如，美國社會心理學家費斯廷格的研究顯示：人們的心理活動就是自己可以覺察到的意識，它像是心理結構的表面，能讓人的心理對外界有所感知，進而就能用語言描述自己所感受到的內容。而連接人類意識的是潛意識，它有阻止意識進入的作用。可以說，人類絕大部分的本能都是來自潛意識，所以潛意識也被稱為無意識。

　　值得關注的是，潛意識是人類一切行為語言的內驅力，包括人類的各種本能、衝動、慾望等。由於衝動和慾望代表的大多是野蠻，所以它們常常被人們的潛意識狠狠壓制著，但它們從未被消滅，它們只存在於人類的內心深處。正是因為它們的存在，有時候人們的心理和行為會受到來自內心深處的影響，做出一些無理性可言的行為。對此，FBI 犯罪心理學家羅伯特·K·雷斯勒說：「無論是意識，還是潛意識，人們的所有行為都來自於心的召喚，都是在有意或者無意的情況下，受到意識的指揮做出的舉動。」所以，FBI 對特工們的訓練和講授的研究課程，都是從身體意識語言展開，歸根結底，就是透過觀察對方無意識的舉動，去分析判斷對方的心理變化。這也是

FBI 辦案多年最常使用的技巧，是 FBI 特工屢破奇案的「祕密武器」。

　　很多時候，在 FBI 的辦案過程中，讓特工們無往不利、戰無不勝的「法寶」，是他們在不動聲色中對周圍事物的洞察力和對他人內心世界變化的精確判斷力。也就是說，FBI 特工在採取行動時，都是根據犯罪嫌疑人的不同潛意識行為變化，分析得到不同的心理結果。比如，FBI 特工在審問犯罪嫌疑人時，很多時候對方總是三緘其口，或許，你的腦海中會浮現出 FBI 特工像電影中的普通警察審問犯人時，暴躁喝令嫌疑人說出真相的畫面。但事實並非如此。FBI 特工在犯罪嫌疑人選擇保持沉默的時候，不會大聲咆哮，而是會不動聲色解讀對方的心理變化，然後根據犯罪嫌疑人不同的心理狀態，選擇符合他們心理狀態的詢問方式。如果選擇的方式不適合對方，FBI 特工會不厭其煩反覆替換，直到找到一種適合對方心理的審問方式。可以說，FBI 特工善於根據犯罪嫌疑人的心理變化，營造出適合推理案情的心理狀態。而這種不動聲色的「讀心魔法」，使得 FBI 特工在人海茫茫之中只需一眼就能辨認出可疑的人；在審訊工作中從犯罪嫌疑人的潛意識動作中，就能了解其是否在說謊；在和對手的對峙中，從對手不經意的行為中，甚至只是一個神情，就能預知對手接下來的舉動。

　　一九九六年九月的一天，美國紐約地鐵像往常一樣人潮湧動，上班族們焦急等待著地鐵的到來，並不約而同向地鐵駛來的方向望去。而在人群中有一名戴著頭巾的男子卻表現得與眾不同，他並沒有像其他上班族一樣焦急，看起來卻非常清閒——一隻手撫摸著下巴，而另一隻手則放在口袋裡，一直注意著四周。別人向地鐵駛來

的方向張望，而他卻四處張望，彷彿是在尋找什麼東西。

　　他的這種異常的舉動引起了 FBI 特工塔拉吉‧鮑爾的注意，鮑爾還發現他褲子上的口袋裡裝有東西——他的口袋裡鼓鼓的。為了探明原因，鮑爾試圖接近這名可疑男子。於是，鮑爾走到這名男子跟前，裝作不小心碰到對方的樣子，然後滿懷歉意說：「真抱歉。」

　　雖然對方沒有作出言語反應，但他的神色卻表示自己對此並不在意。當地鐵呼嘯而來時，鮑爾只見身旁的這位男子迅速奔跑到站台前面，從口袋裡掏出一個黑色帶膠帶的物體，貼在地鐵的車廂上。正當他拿出遙控器，準備引爆炸彈的時候，緊追其後的鮑爾使用武力，將其按倒在地，並挾制住對方的雙手，奪回了犯罪分子手中的遙控器。沒過幾分鐘，附近的警察接到周圍人的報警訊息，也迅速趕了過來。就這樣，一起惡性的恐怖分子襲擊事件，就被 FBI 特工鮑爾有效制止了。

　　FBI 經過事後調查發現，這名男子貼在地鐵車廂上的炸彈，為固體炸彈 TNT，其威力是普通炸彈的三倍。可想而知，炸彈引爆後，會造成怎樣悲慘的後果。在審訊過程中，FBI 得知該名恐怖分子是間諜身分，他交代自己實施的此次恐怖行動是受上級指示，而目的就是炸毀紐約地鐵，引起美國公民的恐慌。

　　從這一故事中，可以得知的是，特工鮑爾在不動聲色的情況下，掌握了犯罪嫌疑人的心理活動和心理動機。而鮑爾之所以能夠識破這名男子的恐怖分子的身分，是因為他深諳潛意識的行為語言。比如，在故事中，人們等地鐵的時候，看著地鐵駛來的方向，是一種潛意識的舉動；再比如，人們等電梯的時候，會一直看著電梯的燈，什麼時候會來到自己所在的這

一層等。由於鮑爾看出恐怖分子的可疑點甚多，因此，他才能快速做出分析判斷，而這也是 FBI 特工「讀心魔法」的一種體現——不動聲色從人們基本的意識行為中，讀出對方的心理狀態。也正因為如此，FBI 特工們，才能憑藉對犯罪嫌疑人心理方面的分析，破解一件件棘手的案件。從 FBI 多年的發展情況來看，FBI 對犯罪心理學方面的研究，已經成為了他們屢破奇案的重要協助力之一。可以說，這也是 FBI 逐漸走向成熟的基礎。

FBI 犯罪心理學家羅伯特·K.雷斯勒指出：「所有的犯罪活動，都是在一定的犯罪動機下完成的。這些動機非常複雜繁多，有的人對社會制度不滿，這就會引發他們對社會的報復；有的人對某些個人不滿，這就會引發他們對某個人攻擊報復；有的人對自身境遇不滿，加之其心理不健康，他們就會把犯罪當成一種平常的事情看待。」面對複雜繁多的犯罪動機，FBI 特工不會僅憑個人的主觀意見進行判斷，而是從犯罪嫌疑人的舉止以及言談中，根據實際情況對嫌疑人的動機進行分析判斷。要知道，如果僅憑主觀判斷，案件就無法快速找到突破口，辦案進度也難以推進。

特工安東尼·愛德華·夏帕在審訊一名向政府工作人員開槍的罪犯時，就充分運用了「不動聲色的讀心魔法」。當犯罪嫌疑人被 FBI 特工逮捕的時候，犯罪嫌疑人的反應非常冷淡，所表現的情緒也極為理智，並且這種理智一直保持了兩場複審。又一次審訊，由特工安東尼負責，犯罪分子依然保持冷靜，一言不發，無論安東尼問他任何敏感的問題，他都能做到「視而不見」。眼看著審訊時間一分一秒過去，如果再沒有結果，就無法對嫌疑人定刑。

　　於是，安東尼決定改變審訊策略，他突然不再緊迫提問，而是不動聲色站在一邊悄悄觀察，並讓同事多提一些與死者相關的問題。雖然犯罪嫌疑人一直保持著冷靜的外表，但是安東尼還是從他尖銳的眼神、緊撇的嘴角，以及偶爾張口呼吸時咬合的雙齒等潛意識的行為中，感受到了他神色裡的憎恨。由此，安東尼斷定，這名犯罪者槍殺死者的動機，可能是對其存在著不可化解的仇恨。而經過詳細調查之後，發現兩人有著金錢和感情方面的矛盾。

　　從 FBI 特工安東尼的辦案過程中，可以看到，即使犯罪嫌疑人在不說話的情況下，身為特工的他，依然能從對方其他「語言」上發現端倪。要知道，成為 FBI 特工遠比人們想像中的還要艱難，他們要經過嚴格的訓練，除了平常的體能訓練，還要經過心理測試，然後再進行各種課程的培訓，其中的犯罪心理學知識就是特工們必須學習的課程之一。那麼，FBI 為什麼對特工掌握犯罪心理學知識如此重視呢？原因其實很簡單，FBI 認為，每一個特工只有對犯罪心理學知識有了一定的了解後，才能運用「讀心魔法」，解讀犯罪嫌疑人各種語言以及非語言的訊息，及時發現其中所隱藏的問題，做出相應的分析判斷，並找到應對的辦法。

FBI「砝碼效應」中不可或缺的致勝手段

　　在 FBI 的讀心魔法裡，有一種理論被稱為「砝碼效應」。或許，當你看到砝碼的時候，會聯想到天平以及等量交換。要知道，砝碼在很久以前，就是作為天平上等量交換的工具所使用，砝碼通常為金屬製作的塊狀物體，人們可以用它在天平上精確秤量重量。而所謂的「砝碼效應」就是指人們心中的天平。對此，美國著名的心理學家斯坎特認為，每個人的心裡都有一個天平，當天平處於平衡狀態時，他們的心情也就會處於平靜狀態；而當天平處於傾斜狀態時，人們的情緒就會出現波動──會因愉快而激動，會因痛苦而悲傷。可以說，人們內心的天平對人們的整個情緒，以及心理有著重要的影響和作用。而讓人們心理的天平失去平衡狀態的砝碼，正是來自人們自身的情緒影響。

　　基於心理學家斯坎特的這一理論，FBI 建立了「砝碼效應」的辦案技巧。這是因為，FBI 作為美國最強的警部系統，所面對的犯罪嫌疑人都是一些十惡不赦、陰險狡詐之輩，並且大部分都是一些心理素質較強，且懂得偽裝心理情緒的罪犯。因此，FBI 特工在短時間內很難從他們身上找到破綻。因為，高明的作案者懂得讓自己的內心處於冷靜，他們明白只有保持冷靜，才能讓自己保持應有的理智。所以，在面對 FBI 探員的審問時，無論是語言訊息還是肢體訊息，他們都能控制到位，

不至於在 FBI 探員面前露出馬腳。這說明他們心理的天平是處於平衡狀態的。在這種情況下，即使是再優秀的 FBI 探員，也無法在短時間內辨別出對方所陳述的事情是真是假，因此整個案件也會被一團迷霧所覆蓋。

在這種無法立刻做出判斷的情況下，FBI 警探會對犯罪嫌疑人進行心理測試，然後按照結果進行評估。但是，心理測試多選用的是以敏感問題進行提問，同時以電子儀器對對方的情緒波動進行分析。而當對方情緒起伏太過頻繁、快速時，「砝碼效應」就發揮出了它的作用。簡單來講，就是 FBI 警探運用「砝碼效應」，透過人為改變一端的重量，讓對方心理的天平失去平衡的狀態。而只有在犯罪嫌疑人的情緒發生變化的空當時，才會不經意透露出一些有用的訊息，而 FBI 警探就是從這些訊息中，找到有價值的線索的。

對此，FBI 資深警探柯基·夫說：「我時常謹記教官的話：作為 FBI 的一員，就要有身為特工的警覺和睿智，如果只能夠從犯罪嫌疑人身上的某些『特殊』行為中，捕捉到其內心天平的平衡程度的話，那麼他只能算是一個合格的 FBI 學員；而如果能夠運用一些技巧，讓犯罪嫌疑人的心理天平失去平衡的話，那麼他就能成為一名真正優秀的 FBI 警探。」FBI 警探面對的是一些狡猾的犯罪嫌疑人，想從他們身上捕捉到非語言行為的內心變化是非常困難的；而如果運用「砝碼效應」，讓對方內心的天平失去平衡狀態，每一位 FBI 警探都有自己的獨特技巧。

二〇〇三年，柯基接到老同學的電話——老同學邀請柯基參加

他的結婚典禮。於是，柯基請假開車前往加利福尼亞州南部的一個小鎮參加同學的結婚典禮，但剛到加利福尼亞州，他的車子就開始拋錨，柯基一查才知道，原來他的車子的油箱出現了漏油情況。最終，柯基不得不把車開到最近的牧場，找牧場的主人幫忙。

剛巧牧場的主人會修車，於是他就答應幫助柯基修車。等車修好之後，柯基卻一時無法離開了。因為，幫助柯基修車的人，只是這家牧場的主人之一，他自己投資了二十頭牛。但是，最近有件事讓他寢食難安：牧場一直丟奶牛。而就在幫助柯基修車的過程中，一名工人跑過來告訴他，牧場又丟了一頭奶牛。

柯基想幫助一下好心的牧場主，於是他就問了一些關於牧場奶牛失竊的情況。牧場主說：「我們只僱傭了六名工人，而且這裡很偏僻，距離最近的小鎮都要三個小時的路程……」聽了牧場主的敘述，柯基在心中疑問：「那麼，小偷是如何偷走奶牛的？他又是如何在偷走之後把奶牛運走的呢？」牧場主向柯基介紹完情況之後，認為總是丟牛牧場會垮掉的，所以他就報了警。雖然他相信柯基是真心想幫助自己，但是他並不認為一個普通的人能夠幫助自己解決失竊事件（柯基並沒有亮出自己的身分）。當地的警員趕到之後，便開始向牧場主詢問情況，就在這時，一名擠奶工人跑過來說：「感謝上帝，剛剛丟失的奶牛，回來了！」

牧場主高興說道：「哦，是嗎？那真是太令人高興了！」由此，一旁的柯基分析判斷後得出結論：這個小偷或許就住在牧場附近，甚至可能生活在牧場中。當他得知牧場主報警的消息後，怕被警察抓住，於是他就悄悄歸還了奶牛。分析得出這一線索後，柯基就開始在牧場和牧場附近散步、觀察，他還以聊天的方式和幾名工人攀談起來，了解牧場和周圍的情況。柯基發現，牧場所處之地確實如牧場主所說，十分偏僻，附近都是大大小小的山脈，即使是離這裡最近的小鎮，也需要開車行駛三個鐘頭才能到達。所以，他排除了

陌生人作案的可能，進而將懷疑的目光鎖定在了牧場工人身上。

　　然而，當地的警察卻把懷疑的目光投在了柯基身上，並對柯基擺開了審問架勢，他們認為是柯基藉修車的名義來到牧場，趁機偷走奶牛的。柯基卻反問道：「牧場主修車的時候，我一直在他旁邊，根本無暇分身，又如何偷走奶牛？」當地的警察卻笑道：「這正是你的高明之處，你一定還有同夥，牧場主只是你選好的證人罷了。你負責分散牧場主的注意力，而你的同伴則負責偷走奶牛。」柯基覺得這樣的爭論沒有任何意義，雖然萬般不願，但是為了避免事情更加難以處理，柯基只好亮出了自己的 FBI 警探身分。

　　緊接著，柯基在兩名警員的協助下，對工廠裡的六名工人分別單獨詢問，並且在審問的過程中，柯基還試圖用苛刻的言語，將六人一一激怒，以便打破他們內心的平衡狀態，從情緒的變化中找到疑點。但牧場並不是警部的審訊室，起不到多大的威懾作用，所以，審訊並沒有收到很好的效果，沒有獲得與案情相關的線索。況且，六名工人都非常清楚，警方手裡並沒有什麼證據，所以，他們的情緒都表現得很平靜。這讓柯基漸漸心急了起來——眼看天色就要黑了，他今晚不能在此過夜，因為明天上午還要趕到城鎮上的教堂，參加同學的結婚典禮。

　　這時，柯基看到牧場主正在拉著一頭牛往牛舍方向走，於是他便問：「這是丟失的那頭牛嗎？」

　　牧場主回答：「是的。」說完繼續往前走。

　　柯基看著牛的背影思考了一下，又追上牧場主悄悄問了一些問題，當他得知只有牧場主一人信奉基督教，而其他工人是信奉新教後，就辦了一個簡單的祈禱儀式。祈禱結束之後，眾人看到那頭丟失的牛就站在他們的一旁，而柯基這時對大家說：「感謝神的恩澤，你們剛剛都已經祈禱過了，現在神會幫助我把那個可惡的偷竊犯揪

出來。」正在大家茫然相視的時候，柯基繼續說：「我們剛剛的祈禱，是為了讓神賜予這頭牛神奇的力量，現在牠要待在一間牛舍裡，我們都要觸摸牠的尾巴，當牠感受到竊賊的觸摸時，就會厭煩的哞哞叫，而當無辜的人摸到牠時，牠就會保持沉默。那麼，現在我們就開始摸吧。」

隨後，牧場主就把這頭奶牛拉進了牛舍裡，並關上了牛舍裡的照明燈。牧場裡的工人，都排好隊伍，一個個走進牛舍，觸摸牛的尾巴。第一個工人進去，沒有聽到叫聲；第二個工人進去，牛仍然沒有發出叫聲……等最後一名工人從牛舍裡走出來後，眾人依然沒有聽到牛的叫聲。這時，在柯基的授意下，牧場主開了燈，大家重新回到了牛舍裡，柯基讓六名工人把觸摸過奶牛尾巴的那隻手伸出來，大家在燈光下看到的是，五隻帶著黑灰的手和一隻乾淨的手。

柯基指著那名手指乾淨的工人說：「你就是偷奶牛的人！」

這個工人不服氣：「你憑什麼這樣說，我可以告你誹謗！」

柯基說：「你們現在可以看一下那隻牛的尾巴。」

眾人一看才發現，原來，那隻牛的尾巴部位，被塗上了一層厚厚的黑灰。手掌乾淨的工人，明顯是做賊心虛，所以沒有觸摸牛的尾巴。此時，這名工人不再狡辯，而是交代了自己偷牛的罪行。

在偵辦此案過程中，FBI 警探柯基雖然剛開始無法讓小偷內心的天平失去平衡狀態，但不久他便想到可以利用丟失的牛，去掉小偷天平上的「砝碼」，讓小偷產生心虛心理，從而露出馬腳。

此外，柯基還藉用了小偷的宗教信仰，將事情誇大，讓小偷內心的心虛情緒更加高漲，以至於讓其內心的天平失去平衡。再加上，當小偷走進黑漆漆的牛舍時，心中更加驚慌失

措，所以就不敢觸摸那頭所謂的接到神靈指示的奶牛，使得自
己的小偷身分暴露無遺。而在柯基的整個布置過程中，所有的
安排，比如，工人們的信仰、漆黑的牛舍等，看似都帶有一種
神祕的氣息，而事實上，這就是FBI特工柯基手中的「砝碼」，
當他把這些「砝碼」放到小偷的天平上時，小偷天平的平衡狀
態就被打破了。

超強的心理素質與堅韌力是 FBI 的必修課

　　FBI 是美國重要的情報機構，也是美國司法部下屬的主要特工調查部門；FBI 成立於一九〇八年七月二十六日，自成立以來，一直是整個美洲，乃至全世界關注的焦點，而在美國，成為 FBI 特工一直是大部分年輕人的夢想。其實，想要成為一名 FBI 特工，並沒有想像中的那麼神祕：只要是美國公民，年齡在二十二到三十七歲之間，並且符合 FBI 兩項「特殊專業」條件，就有機會成為一名聯邦特工。而這兩項「特殊專業」指的是強大的心理素質，以及堅忍不拔的毅力。

　　其實，真正的 FBI 特工並不像電影中那樣──高大威猛，英俊帥氣，精通各國語言，槍法精準等。也就是說，FBI 特工大部分都是從普通美國公民中選取的，雖然選拔條件並不是高不可攀的，但是也並不是那麼容易達標的。FBI 的面試是非常嚴格的，除了最基本的個人情況調查問卷，還有長達五個鐘頭的認知、行為、邏輯、心理、語言等能力測試。如果在這幾個測試中，你表現良好，FBI 面試官認為你有潛質，那麼你就能進入第二階段的面試。第二階段的面試，主要是測試個人的身體素質、心理素質等。此外，還會用精密的測謊儀調查一些私密情況。

　　透過了以上全部測試之後，你會成為 FBI 的學員。要知道，想要成為一名 FBI 特工，一定要培訓後再工作。新學員需

要在維吉尼亞州的 FBI 學院進行長達二十週的培訓，主要課程是心理素質的訓練以及測試，而其中也包括最基本的辦案知識、機械知識以及體能訓練。二十週的緊張訓練結束後，大部分人會被淘汰，而少部分人會成為 FBI 特工。隨後，他們會被分配到 56 個 FBI 分局中的一個地方工作，這其中也包括國外。他們每週都需要工作五十小時，但每天的二十四小時都得隨時待命，而執行任務時隨時都會有失去生命的危險。當人們把 FBI 特工看成一種職業時，自然無法避免談論到它的薪酬。雖然酬勞對很多人而言是一種吸引，但是大部分去做 FBI 特工的人，卻並不是為了金錢。正如美國聯邦調查局的現任局長伯特・米勒曾說的那樣：「無論你走到哪裡，當人們聽說你是一名 FBI 特工的時候，都會向你投來尊敬的目光。」想必，這才是吸引無數人想成為 FBI 的原因之一。

如今，美國聯邦調查局選取 FBI 特工的制度，已與胡佛時代有很大的不同，但心理素質一直是 FBI 的必修課。不可否認，在 FBI 特工培訓事業上，第一任局長胡佛占據了重要的影響力也發揮了重要的作用。在胡佛時代，FBI 三個月的訓練能讓新進學員產生巨大的壓力，這不僅僅只是嚴酷的訓練帶來的，更是當時 FBI 所制定的超高的淘汰率所致，甚至可以說，稍有不慎，學員就面臨著被淘汰的危險。比如，學習成績沒有達標、有抱怨聲音等，都可能成為學員被淘汰的理由。此外，即使成績優秀，各項標準都達標，也需要胡佛局長點頭，才能成為 FBI 的正式特工，而這一關與其嚴苛的制度相比，似乎更加讓人難受，因為有很多成績優秀的學員，最後都遭到了淘汰。

對此，很多學員都感到非常奇怪，因為，日常的訓練有專業的教官，每個科目有不同的教官培訓，而胡佛局長很少能親自來指導學員訓練，那麼，他是怎樣淘汰學員的呢？更令一些學員不解的是，即使是每天訓練自己的教官和身邊的同學，都無法獲知自己的心情，為什麼胡佛能夠輕易猜到？而很多年以後，成為 FBI 特工的學員才明白，原來，胡佛採用的心理攻略是「互相監督」，他要求教官經常和學員溝通，話題多從身邊的同學身上展開，所以，很多學員在不知道的情況下，充當了「告密者」。事實上，這也是收集情報技巧中的一種，並不針對個人的事情詢問，而是問對方別人的情況。對此，FBI 指出，當人們說起別人的事情時，明顯比說起自己的事情時，心情更加放鬆，防禦力也更加低。

在聯邦調查局，學員們經過多期的培訓之後，胡佛會親自來視察他們一次，而每次的到來，都被 FBI 人所重視，因為，這是決定學員去留的關鍵時刻。在胡佛來視察的前一天，FBI教官們會要求學員表現最出色的自己！同時，還要求學員：頭髮必須梳理整齊，擦亮皮鞋，而且都必須穿上白色襯衫；在說話的時候，一定要直視對方。其實，在胡佛時代，在大部分 FBI 教官眼中，胡佛就是信仰，所以教官們要求學員說話、做事，甚至是走路都要遵循嚴格的規定。而最讓學員感到煎熬的，就是關於握手方面的制度。比如，握手的時候不能太強硬，也不能顫抖，如果顫抖就說明該學員的心理素質沒有達標，在發現之後就會被辭退。同時，要把握好力度，比如，在與胡佛局長握手的時候，不能太使勁，因為這可能會被認為是心理情緒不穩的一種狀態，從而慘遭淘汰；當然也不能太輕，

沒有力量會顯得人沒有精神，這可能會被認為，該學員無法勝任 FBI 緊張的工作環境，進而面臨淘汰。

副局長沙利文在回憶當年胡佛去視察學員時的場景時，說：「當時，我和受訓的五十名學員整齊站在隊伍中等待胡佛局長的到來，其他同學都身著白色襯衫，而我卻穿著一件黃色襯衫。為此，教官和訓導員專門走到我的面前，斥責了我，並要求我換下。從那天開始，我才深深體會到，FBI 對學員的挑剔，但衣著還只是冰山一角而已。」沙利文還透露：「其實，每期訓練後的例行檢閱，只是 FBI 想看到長期訓練的效果。比如，當學員們一聲不響以軍人標準的站姿昂首挺立的時候，學員心裡就會產生一種嚴肅感，而教官們往往會看到，那些心理素質良好的學員，更加鎮定和理智。」但是，FBI 的訓練並不能使所有人折服，沙利文回憶說：「在訓練的過程中，也有一些學員會漸漸對訓練失去信心。」

一次，一位同學對沙利文抱怨道：「我快瘋了，沙利文，我知道，你一定也這樣，對不對？」

沙利文說：「噢，好吧，朋友，其實我什麼也不想說。」

這名學員說：「好吧，我知道你不想讓人知道，但我想說的是，我決定離開 FBI 訓練營，去參軍了。」

沙利文說：「我希望你能慎重考慮一下，成為 FBI 特工是一件光榮的事情。」

這名學員說：「哦，不，我一刻也不想在這裡停留了，讓

那該死的訓練見鬼去吧。」

　　沙利文勸說無果，這名學員一直情緒暴躁指責 FBI 的訓練制度，結果可想而知——這名學員在訓練結束之後，就被 FBI 踢出了大門。由於 FBI 對學員的訓練要求是極為嚴苛的，所以每一位成為 FBI 成員的人都是「優秀人才」，而他們所掌握的讀心識人術，更是被很多人視為寶典。對 FBI 讀心術感興趣的人不少，但很多人都有一個錯誤的理解：只有能說會道，才能成為談判高手；要想說服犯罪嫌疑人，必須從口才上打敗對手。其實，並非如此。FBI 的智慧所專注的並不是口才，而是讀心術的才能，這在雙方的交流中，占據了重要地位。由此可見，想要征服一個人，要從「心」開始。而 FBI 知道，最簡單的辦法就是，將自己的觀點攻入對方的內心，這樣一來，就能得到意想不到的良好效果。正因為如此，FBI 才經常表示，很多時候特工用到的不只是口才，更是不動聲色的「讀心魔法」。

　　FBI 的讀心智慧也告訴人們，當你面對對手的時候，可以把目標對準對手的心理弱點和心理需求。如果你不能準確分析判斷出對方的內心變化，那麼就無法打贏心理戰。如此一來，即使你妙語連珠，也不過是在浪費唇舌罷了。儘管 FBI 的「讀心魔法」極富智慧，但仍然有人只關注妙語連珠上的技巧。事實上，從 FBI 的「讀心魔法」智慧上來講，過多的言語能讓一個人的思維減少，理智丟失，所以，這也就意味著只是在白費唇舌，而 FBI 的「讀心魔法」，更專注的是讀出對手的心理變化。

　　總而言之，在 FBI 特工與犯罪嫌疑人周旋的過程中，其良

好的心理素質和讀心智慧是不可或缺的關鍵「武器」。其實，所謂的讀心術，實際上就是滿足對方的心理需求，利用對方的弱點等，透過一些技巧迫使強硬的犯罪嫌疑人改變固執的態度，進而得到 FBI 預期的結果。而那些只憑藉口頭上占據優勢的方式，並不是讀心技巧。FBI 的不同之處正是在於，懂得抓住對手的心理，做到直搗黃龍，以最小的成本，獲得最大的效果，完成最棘手的任務。可見，FBI「讀心魔法」的智慧告訴我們，在如今競爭激烈的社會環境中，心理戰術比口頭上的說服更加重要，也更加有效。

尋找內心波動的臨界點，讓罪犯無處遁身

　　想要打敗敵人，就要找到其內心的臨界點，即脆弱點，然後一舉擊潰。在實戰經驗中，FBI 特工就善於尋找犯罪嫌疑人內心波動的脆弱點，懂得搶占先機，因為這樣不僅僅能使自身占據心理優勢，還能重創罪犯的心理，讓其謊言不攻自破。比如，當 FBI 遇到一名狡猾的罪犯時，如果能迅速占據對己方有利的條件，那麼就在一定程度上掌握了審訊活動的主動權，勝算的機率也就會高出很多。

　　在 FBI 的訓練課程中，教官經常會對學員說：「尋找情緒的臨界點，不做情緒的犧牲品。」這是內心修煉的過程，想要探尋到他人的內心波動點，就要先了解自己的內心情緒，提高個人的自制力和控制力。正如 FBI 犯罪心理學家西蒙斯所說的那樣：「有時，別人也會問我讀心的奧祕是什麼，而我只會說，先讀懂自己的心，才能讀懂別人的心。」事實上，這是有一定根據的，雖然人與人是不同的，但是先了解自己的內心是一個基礎。比如，當人們遇到突發事件的時候，正常情況下，你會怎麼做？而別人又會做出什麼行為？在非正常情況下，你又會做出什麼樣的舉動，這些放在別人身上又會是什麼樣的效果？

　　可以說，FBI 透過這種反思，尋找內心波動臨界點的培訓方式是有重大意義的，這從特工們面對犯罪嫌疑人時，能夠不動聲色分析判斷中就可以了解到。威爾曼是經驗豐富的 FBI 警

探，從他成為 FBI 一員的那天起，就不斷學習「讀心魔法」。以威爾曼多年的特工經驗來看，在面對犯罪嫌疑人時，如果沒有找到對方內心波動的臨界點，就很難運用讀心技巧對付對方，也就很難取得勝利。而要想在心理博弈上贏得勝利，就要懂得搶占先機，占據心理優勢，並對對方的心理防線進行攻擊，直到重創其心理防線。

一個炎熱的下午，美國尼米茲航空母艦上的士兵正在午休。威爾曼在艦艙視察，當他走到廚房的時候，竟然發現，一名袖子上印有「美國第一○八空降師」標誌的士兵，正情緒激動的拿著槍，指著一名廚師的腦袋。經驗豐富的威爾曼知道，這裡一定發生了什麼事。於是他不動聲色走進廚房，態度平和說道：「嗨，朋友，能告訴我這裡發生了什麼事情嗎？」

士兵情緒激動，說：「該死的戰爭，我討厭這裡，還有那些無謂的犧牲！」

威爾曼為了安撫這個士兵的情緒，附和道：「是的，你說得真是太對了。我也討厭死它了，這該死的戰爭，能先告訴我你遭遇了什麼困難嗎？」

士兵咆哮道：「那該死的阿富汗戰爭，讓我失去了和家人團聚的機會。我就知道，總會有人和我看法一樣！」

經過簡單的對話，威爾曼對這名士兵的情緒有了一定的了解：因為對戰爭懷有抵觸情緒，所以才會做出瘋狂的舉動來。為了制止這名士兵的行為，拯救槍口下的廚師，威爾曼決定和對方交談下去，以對其進行心理情緒的引導，讓其放下手中的武器。於是，一場「心理情緒的戰爭」就開始了。在交談過程中，威爾曼不斷向這名士兵詢問，話題多圍繞他的父母、愛人。當這名士兵在談論其自己的家人，臉上出現幸福的神色時，威爾曼趁機說：「你的父親，一直

想把你培養成軍人？」

士兵說：「是的，這一直是他的期望。」

於是，威爾曼迅速抓住這個機會，說：「你能成為軍人，你的父母都會以你為榮，因為他們知道，你是一個有責任心和愛心的人，能夠肩負起他們對你的期望……」聽完這些之後，這名士兵輕輕抽泣了起來，而他拿著槍的手也有明顯的鬆動。威爾曼知道已經抓住了對方內心的弱點，於是就繼續說：「雖然戰爭很可能會令人一去不返，這或許是大部分士兵都很不滿意的情況，但是，如果你用這種極端的方法試圖讓自己逃脫，我想你的家人在得知你的荒唐舉動之後，一定會心痛難當的，想必你也不願意自己父母的期望落空。」

當威爾曼說完這些話之後，那名士兵再也控制不住自己的情緒，他丟下手中的槍，坐在地上大哭起來。

可見，威爾曼透過不斷的心理疏導，成功尋找到了對方內心波動的臨界點，搶占了心理優勢，將對方脆弱的心理防線擊破了，從而避免了一場悲劇事件的發生。其實，FBI 遇到的此類情況並不少，因為當時阿富汗戰爭的關係，很多士兵的心理壓力都很大，情緒也容易發生波動，而對此，FBI 更要做到不動聲色、處之泰然。因為只有這樣，才能安撫對方躁動的內心，把握對方心理情緒的波動點，從而尋找最恰當的處理辦法。

事實上，在很多案件中，FBI 不動聲色的說服技巧，也是經常用到的。以經濟強國著稱的美國，其主要城市華盛頓和紐約充斥著各國的人，而大大小小的案件每天也都會頻繁發生，無論罪犯是綁架、挾持人質……都需要 FBI 運用讀心技巧，尋找犯罪者內心波動的臨界點，讀出對方的心理情緒，找到其脆弱點，否則很難取得勝利。對此，FBI 指出，安慰犯罪嫌疑人的情緒是首要任務。比如，在威爾曼處理突發事件的過程中，

他面對的是一個情緒激動的士兵，如果沒有安撫對方的情緒，那麼勢必會刺激到對方，並失去與之繼續交談下去的機會，而那名士兵很可能會立刻扣下扳機。這種結局，想必是大部分人不樂於見到的。

FBI 認為，想要讀懂對手的心理，首先就要安撫其內心情緒，而如果對方在情緒激動時，獲得一定程度的安慰，等到對方冷靜下來之後，就會對你抱有感激之情，還會願意將造成自己心理發生變化的原因告知你。這樣，你就獲得了重要的訊息，而根據這些訊息你就可以針對對方的心理特徵展開讀心策略。「讀心魔法」中最重要的一步，就是找到犯罪嫌疑人內心的脆弱面。對此 FBI 犯罪心理學家指出，每個人內心深處都有一塊脆弱的地方，只不過在詭譎多變的社會中，人們不得不偽裝起來而已。不可否認，每個人都會隱藏自己的脆弱，這其實也是人類的天性和本能，而一旦一個人的脆弱面出現在別人的面前，那麼他的心理防線也就容易被攻陷了。

在一些警匪對峙的畫面中，有這樣一段經典的對話：

罪犯說：「我要對他們實施報復，讓他們和我一樣痛苦！」

警察反問：「他們傷害過你？」

罪犯說：「他們處處針對我、排擠我、挖苦我，讓我的世界越來越糟糕，是誰都會難以忍受。」

警察接著問道：「但是，你用報復的手段能解決問題嗎？」

罪犯回答：「不能，但能讓他們知道我的厲害，讓他們後悔莫及。」

　　這時，警察說道：「那麼，你和他們又有什麼分別？你這樣做，想過你的家人和他們的家人的感受嗎？你的父母，以及他們的父母，都會受到打擊。」此話一出，罪犯身體一顫，沉默了。

　　警察繼續說：「他們傷害你雖然有錯，但是你用更極端的方法報復同樣也是錯誤的，並且，這根本無法解決問題，而你的父母也會因此受到傷害。」

　　聽完這一番話，罪犯低下了頭，決定不再報復別人。

　　從此番對話來看，警察尋找到了對方內心波動的臨界點。比如，「你的父母會受到打擊」，這也就是告訴對方「你的父母會為你難過」，而這句話就是讓對方的心理防線崩潰、放棄報復念頭的關鍵，同時我們也不難猜出，這便是罪犯內心深處最脆弱的部分。FBI 認為，掌握成功與犯罪嫌疑人交鋒的關鍵，就是掌握犯罪者的內心情緒和心理變化。正如 FBI 犯罪心理學家西蒙斯所言：「早一步下手，就離成功早一點。」意思就是告訴人們要迅速出擊，掌握先機。要知道，如果沒有一雙搶占先機的慧眼，也就無法順利掌握對手的心理情緒變化。由此可見，尋找對手內心的波動點，搶占先機是人們首先需要學習的讀心技巧之一。

FBI：從心理需求或動機分析，尋找隱藏的真相

　　美國聯邦調查局局長路易斯·弗里赫曾說過：「人們時刻都站在自己的角度思考，這是一種本能。如果能從罪犯的心理需求出發，就能找到他們的殺人動機，而找到罪犯的殺人動機，也就等於找到了兇手。」對此，FBI 犯罪心理學家西蒙斯認為，動機是人類行為最為深層的驅動力，它主要是受心理系統的驅使，有時候甚至連犯罪者本人在作案後，都不清楚自己為什麼這樣做。

　　不過，無論犯罪動機多麼難尋，FBI 都不會放過一絲一毫的獲得線索的機會。從犯罪者的心理需求和犯罪動機入手，讀出對方作案的真實目的，才是 FBI 一直努力做的工作。在現實社會中，人們行事時都是從自己的利益關係角度考慮的。比如，接近對自己有利的人，這就是一種心理需求，也可以說是人際關係交往的動機。在現實中，這種情況比比皆是。比如，人們在求職的時候，首先考慮的會是企業給予自己怎樣的待遇，而企業考慮的則是職員的個人能力，職員能否給企業帶來好處，最終雙方在滿意或對對方感興趣的前提下，達成想要的關係。

　　在 FBI 犯罪心理學家西蒙斯看來，犯罪者的思維邏輯也都是先從自身利益考慮的。比如，為了錢財作案、為了嫉妒作案、為了自尊作案、為了感情作案、為了仇恨作案等。對此，

心理學家西蒙斯表示：「當一個人想要做一件事情時，必然是在心理需求和動機的驅使下完成的。當然，也可以說是在慾望的驅使下完成的。」心理學研究表明，每個人都有最在乎的東西，或者說最感興趣的東西，因此，當你在拓展人際關係之時，應該盡量多談論對方感興趣的話題。這樣，你就能很快吸引住對方的注意力，這對人際關係的建立十分有利。

在「國際性犯罪心理」的辯論會上，各國代表就「如何預防犯罪活動」這一話題展開討論。一位希臘犯罪心理學家首先發表意見，他說：「想要有效抑制犯罪活動的頻發，就要制定嚴酷的懲罰制度，使犯罪者不敢去越過這條紅線，這樣也就達到了控制犯罪活動的效果。」同時，他還認為，對於犯罪者絕對不能手軟、姑息，應以雷霆手段處罰。這位希臘犯罪心理學家發表完意見後，FBI 犯罪心理學家代表站起來說：「嚴屬打擊犯罪者固然很重要，但我們也不能忽略一些更加重要的問題──犯罪者之所以犯罪，必然是有一定的動機的，而這個動機就是他們的心理需求。如果只是制定嚴屬的處罰制度，卻不了解其作案動機，那麼只能表面上減少犯罪事件，卻不能完全杜絕犯罪事件。我們認為，應當從犯罪者的心理需求出發，對犯罪分子的作案動機進行研究，找到他們的作案目的，這樣才能做到真正意義上的杜絕犯罪。」

結果可想而知，FBI 代表的言論，得到了各國代表的認同。其實，FBI 的出發點很簡單，就是了解犯罪者的犯罪動機，從而找到更好的防禦措施，避免犯罪行為的頻發。而在案件發生後，FBI 也需要根據犯罪動機和犯罪者的心理需求分

析，幫助 FBI 了解和還原案發時的真實情況，從而找到破解案件的線索。對 FBI 特工來講，每一次破解案件都像在破解謎題一樣，因此，他們也會遇到各種各樣讓人迷惑不解的問題，案情很容易陷入迷局。所以說，在 FBI 實際辦案的過程中，分析犯罪動機和犯罪心理，與找到罪犯有著密切的關係。

維基解密網站（Wikileaks）成立於二〇〇六年十二月，是一個大型的文檔洩密和分析網站。就網站發布的機密訊息而言，其目的是揭露政府和企業的腐敗行徑，在美國乃至全世界可謂是赫赫有名。由於該網站有十幾個國家的支持者，所以很難被審查和追查，並且它本身的存在就有一定的祕密性質，因而它並沒有承受太大的外界壓力。

二〇一〇年七月二十八日，維基解密網站洩露了九點二萬份美軍駐阿富汗的祕密文件，一時間在全世界引起了軒然大波。而讓美國聯邦情報中心的官員們費解的是，如此多的機密文件究竟是從哪來的呢？其中的一些內容，甚至就連 FBI 情報系統都不太了解。經過 FBI 特工們緊鑼密鼓的調查，一名叫布拉德利·曼寧的美軍一等兵引起了 FBI 的懷疑。經過繼續調查之後，FBI 了解到，真的是這名一等兵洩漏了這些機密文件。

FBI 得到的訊息中顯示，布拉德利·曼寧負責情報分析工作，他每天至少閱讀情報十四個小時，很少有休息的時間，大部分時間是沒有週末的，甚至他曾一連八個月面對訊息文件。從布拉德利·曼寧的工作態度來看，他是深諳機密訊息的重要性的，但是，他又為什麼把如此多的機密文件，一下子在網上公開呢？他的犯罪動機是什麼？從這一系列問題出發，FBI 對布拉德利·曼寧的個人經歷展開了調查。

調查發現，布拉德利·曼寧原本是一個特等兵，但是因一次酗

酒，與一名士兵發生衝突，趁著酒意毆打了該名士兵，而他的上級處罰了他——將其降為一等兵。這讓布拉德利·曼寧感到自己的事業和人生正在變得支離破碎，所以在接下來的幾個月裡，他的情緒一直處於沮喪之中，而且他感到自己異常孤獨（因為降職的關係，使他失去了一些朋友）。緊接著，阿富汗和伊拉克戰爭爆發，由於心理上對戰爭和自身職業的不認同感，使得布拉德利·曼寧逐漸產生了「破壞情緒」。

在 FBI 審問的過程中，布拉德利·曼寧提到一件事，或許這也是讓他最終走向網路洩密道路的推動因素。有一次，布拉德利·曼寧負責調查那些因反伊拉克政府而被拘留的人，但是在調查的過程中，他發現那些所謂的反伊拉克政府的人，反對的並不是政府，而是政府某些地方的腐敗現象。當布拉德利·曼寧把發現的這些訊息報告給自己的上級，並希望上級能盡快釋放那些被拘留的人時，上級卻對他說：「你最好閉嘴！」

審問期間，布拉德利·曼寧對 FBI 特工抱怨道：「長官根本不聽任何意見，這讓我對軍隊失去了信心。」從那以後，布拉德利·曼寧就對所有的事情都懷有置疑，即使是簡單的一件事情，他也覺得事件背後肯定有不可告人的祕密。他認為，有必要讓被表面現象所矇蔽的世人，知道隱藏在背後的真相，所以，他就把幾萬份的機密文件放在了網路上。

儘管布拉德利·曼寧最後的話，讓 FBI 特工深有感觸，並且很同情他的遭遇，但是 FBI 不得不把他送到軍事法庭，因為他違反了美軍保密規定中的條例，觸犯了機密訊息制度的底線，對國家安全造成了危害。

可見，任何犯罪行為都有其動機，哪怕是被 FBI 犯罪心理學家稱為「無意識的行為」，也有其內在的行為動機。在 FBI 特工尋找線索、分析心理動機、獲知作案真相的過程中，最不

能忽略的就是犯罪嫌疑人在心理需求的驅使下，所產生的犯罪動機。在 FBI 辦案的過程中，會針對犯罪嫌疑人的行為動機，尋找合理的解釋，這樣一來，真相自然也就水落石出了。當然，FBI 特工也經常遇到一些無法解釋的犯罪動機，但在 FBI 特工看來，無法解釋就意味著案情還有謎團沒有解開。在遇到這種情況時，FBI 通常會調查到底。

FBI 犯罪心理學家認為，人們在遭遇巨大的打擊或挫敗時，通常會產生偏激的思想，有的人會戲弄他人獲得內心的滿足；還有人會透過一些行為犯罪，來實現自己的存在感。總而言之，基於人們自身的需求，都會出現說謊的時刻，甚至會報復他人或社會。值得注意的是，人類的行為往往都是在日常生活中積累所形成，有時候並不是自身所能掌控的。也就是說，在心理壓力和內心需求的驅使下，人們的行為很可能會脫離控制，這也是犯罪事件的隱患之一。

其實，無論犯罪嫌疑人所說的話是真是假，FBI 都只會相信「人類的任何行為都是有動機的」，而 FBI 只需要找出對方說謊的動機，還原事件真相即可。當然，FBI 也不會忽略兩點：有時候同樣的犯罪行為，可能是因不同的心理動機引起的；而同樣的心理動機，也可能會引起不同的犯罪行為。但 FBI 知道，犯罪者的犯罪動機不同，所做出來的犯罪行為往往也不盡相同。比如，因貪婪殺人的動機，比因恐懼或自衛殺人的性質要嚴重很多。對於 FBI 來說，了解各種犯罪行為動機以及犯罪性質，有助於 FBI 對罪犯的罪名確定，更有助於 FBI 推斷犯罪嫌疑人的下一步行動，從而有利於 FBI 偵破案件。

讀心博弈
FBI 和 CIA 的心理攻防技巧

第二章
對敵人威逼利誘──CIA 立威造勢的心理戰術

　　很多攻心高手都知道，如果想要在交鋒中獲得勝利，讓對方按照自己的意願行事，就一定要在恰當的時候給自己立威造勢，讓對手認為只有按照你指引的方向走下去，他才能獲得更多的利益。而這個時候，你占據了有利地位，也就離勝利不遠了。

　　可以說，生活中這樣的例子比比皆是。比如，當一個信心十足、威勢十足的人向你宣傳什麼思想的時候，你比較容易接受，這說明有威勢的人更容易侵入人的內心，再比如，很多人在說話或者是寫文章的時候都喜歡引用名人的觀點來證明自己觀點的正確性，實際上也是利用了「立威造勢」這一心理戰術。如此多的事實證明，這種方法能輕易攻入人心，並達到你想要的結果。CIA 在這麼多年的辦案過程中，就多次採用這樣的方法成功擊破了無數嫌疑人的內心，從而順利偵破了案件。

巧妙使用證據，帶給對手揮之不去的心理陰影

證據在審問中經常被用到，但是什麼時候該用證據，該怎樣使用證據才能使證據發揮關鍵性作用，大多數人卻不甚了解。對此，CIA 根據多年的經驗，總結出了很多用證據立威造勢的方法。

在 CIA 的攻心戰術下，犯罪嫌疑人會出現想法動搖的時候，這時候犯罪嫌疑人的思想徘徊在招供與不招供之間。所有的 CIA 都明白，這個時候是對犯罪嫌疑人攻心的最佳時機。也就是說，在對方思想波動大的時候，CIA 們要做的就是給對方足夠的理由招供。CIA 要讓對方明白，招供是他們唯一的選擇，沒有任何商量餘地。想要達到這樣的結果，CIA 們可以用的有效方法就是拿出有力證據。

嫌疑人想要躲過 CIA 的調查就一定會想要編造謊言。一般來說，既然是謊言，就一定會有漏洞，而且即便是再聰明的人編造的謊言也都或多或少會有漏洞，不是不合常理，就是與現實不符。在嫌疑人與自己所說的事實自相矛盾的時候，或者是與 CIA 手中的證據相矛盾的時候，嫌疑人都會編造更多的謊言來掩蓋自己的犯罪事實。如果這時候 CIA 能拿出有力的證據來拆穿嫌疑人的謊言，讓他產生嚴重的挫敗感，丟掉僥倖心理，他就會承認自己的犯罪事實。

不過值得注意的是，CIA 在使用這個方法的時候，不會一次性就拿出所有的證據，他們一般都是一次拿出一個證據，然後讓這些證據一次比一次更有力。之所以這樣，就是為了不給嫌疑人編造謊言的時間。由於嫌疑人不知道 CIA 手裡到底有多少證據，具體都是什麼證據，因此，他們編造的謊言不能顧全所有的證據，當他的謊言與一些證據有衝突的時候，只要再拿出這個證據，嫌疑人的謊言就會不攻自破，他就只能認罪伏法。

　　不過，還有些嫌疑人在被 CIA 抓捕之後有很大的反抗心理，這種心理反映在行為上就是沉默不語，一直拒絕接受審問，完全一副「我就不說話，你能把我怎麼樣」的態度。除了這些表現之外，還有一種行為就是不斷翻供，即總是在自己交代完一切之後很快就推翻供詞，告訴 CIA 他之前說的都是錯的。這種人之所以會有這樣的心理，完全是因為他們認為 CIA 沒有掌握足夠的證據，沒有辦法定他的罪，而且他們了解法律，知道 CIA 的審問是依靠證據的。顯然，面對這樣的嫌疑人，拿出有力的證據就是突破他們心理防線的最佳方式。

　　羅森是一起強姦殺人案的嫌疑人，警方透過多方查證，抓捕了他。但是，他拒絕承認自己的罪行。對此，主審羅森的 CIA 警官約翰說：「法醫從被害人的體內提取出了精液，經鑑定精液中的 DNA 與你的完全吻合，這你怎麼解釋？」

　　羅森沒有驚慌，很鎮定的說：「那只能證明我與她有性關係，我沒有殺她。」

　　接著，CIA 說：「我們在離現場不遠的地方發現了一把匕首，上

面有血跡，經過法醫的鑑定，血跡就是被害者的，而更重要的是，在匕首上我們還發現了你的指紋。是不是你在強姦了被害人之後，被被害人看到了你的容貌，所以你決定要殺人滅口的？」之後，羅森不得不招認了自己的罪行。

從這個案例中，可以看到羅森有著很強的抵抗心理，在警察沒有出示證據前，他絕不開口。即使警察後來出示了證據，他也只承認了部分事實，而只有當更有力的證據擺在他面前時，他才低頭認罪。面對這樣的嫌疑人，CIA 只有透過證據才能逼迫他認罪。而當缺乏足夠的證據時，則需要人為創造出一些證據，這樣才能讓這類犯罪嫌疑人低頭。其實，這樣的方法就是讓對方覺得無路可退了，才能讓他束手就擒。

另外，CIA 提醒人們，在與人談判時出示證據的時候，一定要掌握好證據出示的時機，因為有些證據需要直接出示，而有些證據需要提出但是不出示，這樣才能夠有效控制好對方的心理變化，讓他產生一定的聯想，從而促使談判取得成功。

在強有力的言語下撕破對方的心理防線

「憑藉強有力的語言攻勢，能夠輕而易舉將對手震住，與此同時，自身取勝的機率也將會大大提高。」這是 CIA 前局長戴維·彼得雷烏斯總結出來的最精闢的一句話。在他看來，語言攻勢的力量絕對不容小覷，正所謂「話是攔路虎」，講的就是這個道理。那麼，人們該如何理解這句話呢？他認為，即使是與自己熟悉的人交往，語言攻勢也是同樣重要的。比如，當一個人向你提出過分要求時，如果你選擇沉默，那麼他很可能就會「蹬鼻子上臉」。此時如果你對其使用語言上的攻擊，就會鎮住他，從而使自己占據主動位置。CIA 在實戰中就經常會對陌生人展開語言攻勢，以便讓對手折服。

一九六四年的一天，紐約大街三一五號的一家珠寶店像往常一樣正在營業，可隨後發生的一件事卻使珠寶店險些遭到搶劫。這天下午，珠寶店送走了一批又一批前來購買珠寶首飾的人，正當珠寶店店員準備關門閉店時，從一輛白色林肯小轎車上下來兩名戴黑色口罩的黑衣人，只見他們肩上背著一個黑色帆布袋，拿著手槍向珠寶店衝了進來。店員們意識到將會遭遇到搶劫，於是趁黑衣人不注意，一名店員便悄悄報了警。在接下來的時間裡，搶劫犯要求店員將珠寶裝進其事先準備好的黑色帆布袋中，而店員為了等待警察的到來故意拖延時間。五分鐘後，呼嘯而過的警車便停在了珠寶店前面，並從車上跳下一名警察。兩名搶劫犯見到 CIA 後，為了能夠順利逃脫，就用槍頂住兩名店員的頭部，大聲喊道：「你不要過來，站在原地不要動，否則我們就要開槍了。」

「你不要激動,我們馬上退回去!」為了保護兩名人質的安全,CIA 聽從了兩名搶劫犯的話,退到了警車後面。

隨後,一名 CIA 開始拿著喊話器對搶劫犯喊道:「嘿,朋友,你晚上想吃法國菜吧,那麼你就放下武器走出來,這樣你才不會在監獄裡待一輩子。」

「閉嘴!」一名搶劫犯喊道。

「我們調動了三十七名 CIA 特工,還有五名狙擊手,如果你不想死在珠寶店,就趕快放下武器!」

「退後,否則我就殺人質了。」其中一名劫犯大聲喊道。

「好!我們馬上退後。但是你不想吃法國菜了!即使你不想吃法國大餐,但是你的兒子想吃,你的老婆也想吃,甚至你的父母也想吃,如果你殺了人質,你就成了殺人犯,就得坐一輩子牢。你的兒子、老婆、父母也會為你感到恥辱,不要說法國菜,就連漢堡他們也不一定能吃得上了!」

「閉嘴!閉嘴!」兩名搶劫犯此時顯得特別激動,甚至手中緊握的槍支也開始顫抖起來。

「我給你們三分鐘的考慮時間,一分鐘後,CIA 的五名狙擊手,就會對準你們的腦袋,隨時會要了你們的小命。」

就這樣,警察與黑衣人對峙著。

「你們還有兩分鐘的時間!──我需要提醒你們的是,你們已經落入了天羅地網,趕快將手中的槍放下!」

兩名黑衣人似乎被激怒了,對著警察大喊:「趕快給我們準備一輛車,否則我們將開槍殺了他們!」

　　換成常人也許早就被這一陣勢嚇得不知所措了，可 CIA 卻表現得非常冷靜，他們用平靜的語氣說：「你們還有一分鐘的時間！一分鐘之後，狙擊手隨時會對你們開槍！」

正在此時，善於觀察的警察猛然間發現兩名黑衣人手中的槍好像不是真槍而是玩具槍，於是他喜出望外，隨即大聲對兩名黑衣人說道：「先生們，如果我沒有猜錯的話，你們手中的槍是兒童玩的仿真槍吧？」

兩名黑衣人聽完後不禁一驚。這名警察繼續說道：「好了，先生們，不要演戲了，束手就擒才是你們唯一的出路。」

「閉嘴！」

「你們只有十秒鐘的時間，十秒鐘後狙擊手會向你們開槍！」CIA 特工大聲衝他們喊道。

此時，兩名黑衣人愣住了，此前還滿臉兇煞的他們，現在卻變得驚恐萬分，甚至嘴唇都哆嗦起來，而最終，兩名黑衣人扔下了手中的玩具槍，並乖乖舉起了雙手。

由此可以看出，CIA 就是透過使用語言攻勢與對手展開了交鋒，並最終鎮住了對手，徹底撕破了對方的心理防線，讓其乖乖束手就擒的。由此，人們可以感受到語言攻勢的重要性，而 CIA 則從實戰中總結出了用語言攻勢鎮住對手的方法。

(1) 在語言聲調上不能輸給對手

也就是說，在與對手交鋒的過程中，說話的音量必須要大，這樣才能在心理上占據優勢地位；反之，如果己方聲音過小，而對手聲音過大，這樣就會造成己方在心理上輸給對手的情況，如此一來，還談何鎮住對手？美國心理研究中心的一項研究表明，人說話聲音的高低與其內心是否自信有關，很多時候，那些說話聲音小的人往往是一些不自信的人，而這樣的人在與對手交鋒時又怎麼能有效一招制敵、鎮住對手呢？因此，

CIA 將說話聲調的強弱看成是鎮住對手的首要因素，如果這個基礎沒打好，就會為以後與對手的交鋒增添很多不利的因素。

（2）抓住對手的「小尾巴」，順勢展開語言攻勢

CIA 認為，對手即使把計劃做得再周密，也會有疏忽的地方，也會露出「小尾巴」。很多時候，對手出現「小尾巴」是非常致命的，因為它能將對手的心理特徵和行為特徵表露無遺，這樣一來，當有人發現並抓住這些「小尾巴」後，也就相當於抓住了他們身上致命的弱點，而此時，對其展開語言攻勢也就能一舉擊中對手的弱點，從而從心理上徹底擊敗對方，取得最後的勝利了。

適時「威脅」犯罪嫌疑人，讓他感覺絕望

　　很多攻心高手，在與對手交鋒多年之後會明白，成功進攻他人的內心並不困難，只要斷了對方的後路，讓他絕望，就能讓對方承認事實，或者是根據你的意願行事。但是要做到這一點就需要從事實出發，因為只有掌握了一定的事實，才能主動向對方發起攻擊。而在沒有事實的情況下，即使掌握了很多心理戰術，也不會讓對方乖乖就範的。

　　一九七九年，在喬治亞州發生了這樣一個案件：一位名叫瑪麗·弗朗的漂亮女孩失蹤了。當時瑪麗像往常一樣坐小車回家，整個路途很平安，很正常，但是當瑪麗在她家附近的路口下車之後，就莫名其妙失蹤了。與瑪麗同住的艾麗很快報了警，但是警方也一直沒有找到線索。

　　一段時間之後，一對年輕的夫妻在森林中散步時發現了瑪麗的屍體。引起這對夫婦注意的是，瑪麗的臉上蓋著一件白色的外衣。這對夫妻沒有破壞現場，他們馬上報了警。經過警方的認定，瑪麗是因頭部受到鈍器的重擊死亡的。而警察在瑪麗屍體的附近找到了一塊帶血的大石頭，後來經過法醫鑑定，那塊大石頭正是殺死瑪麗的兇器。此外，警察發現在瑪麗的脖子上有被掐的傷痕，而這則說明有人曾經想要掐死瑪麗。之後，警方就此展開了詳細的調查。

　　調查中，所有認識這個小女孩的人，都對這個小女孩的死表示很惋惜，都稱讚這個小女孩是一個熱情友好、善於交際、討人喜歡的孩子。法醫的驗屍結果顯示，瑪麗死前曾遭受過性侵害。綜合

所有的訊息，警察認為這個案件是一起隨機性的姦殺案件。也就是說，這個案件並不是有預謀的。

經過仔細觀察，警察發現，屍體上並沒有其他雜物，說明強姦的案發現場並不是在樹林中，應該是在車子裡或者是房間中。根據瑪麗的屍體以及現場的一些狀況推斷，警察認為兇手應該是一個做事有條理，並且有強迫症的人。

隨後，警察與其他地區的警察取得聯繫，希望能找到更多嫌疑犯的訊息。其中，有一個警局的警官說：「你們所描述的這個嫌疑人與我們剛剛放走的一個嫌疑人很像。」根據這個警局提供的相關資料，負責瑪麗案件的警察抓到了嫌疑人科比。科比今年二十四歲，有過兩次的婚姻經歷。目前，科比正與他的第一任妻子同居。

抓住了科比之後，警察中有人提出要對科比測謊檢查，但也有很多人反對這麼做，他們認為科比已經有過一次入獄經歷，並且除了瑪麗的案件之外，還有幾起類似案件都把科比作為嫌疑人，他已經被審問了太多次，有很強的心理素質，測謊是不會有收穫的。果然，這次測謊警察真的一無所獲。

案件就這樣陷入了僵局，但聰明的 CIA 並沒有被難住，因為他們想了另外一個辦法「對付」科比——在晚上的時候，警察把科比帶進審訊室單獨審訊。在審訊一開始的時候，警察就對科比說：「科比，我們知道這件事是你做的，我們並不是要問你『這是你做的嗎？』我們只是想知道你為什麼要這樣做？我們也猜到了你做這件事的原因，你只要告訴我們，我們是不是弄對了就可以了。」

這段話說完之後，警察們發現，科比開始有些坐立不安了，而沒過多久科比就把自己姦殺瑪麗的過程交代清楚了，同時，他還交代了一年前他在羅馬市的另一宗罪行。最終，科比被判處死刑。

事實上，在對科比審問的時候，警察就採取了讓對方絕望

的方法。在審問開始的時候,警察沒有採用其他策略與科比大打心理拉鋸戰,也沒有藉討論其他的話題來讓科比放鬆,而是一開始就談論與案情有關的話題,特別是在審問一開始就直截了當告訴科比他們已經掌握了他的罪行,從而讓他無路可退,不能再抵死不承認。這樣一來,科比就只能交代出自己的罪行了。

不可否認的是,在審問科比的過程中,CIA 採取的這個讓對方絕望的方法確實造成了不小的作用。首先,警察告訴科比警方已經掌握了他的罪行,這就是在向科比透露出「你不用頑強抵抗了,就算你不承認你所犯下的罪行,我們也能定你的罪」這樣的訊息。同時,警察給科比的感受是:「這不是一次輕鬆的審問」,讓科比強烈感覺到自己確實已經無路可退了,以致他最後不得不交代了罪行。

在 CIA 看來,在與對手交鋒的時候,首先用讓對方絕望的方法,可以在一定程度上震懾住對方,從而讓對方有一種無力感,進而讓他加速暴露出自己的弱點。比如,在審問科比的過程中,CIA 就很清楚這一點,因此他們需要營造出一種嚴肅的氛圍,以讓對方產生一種坐立不安的感受。對此,CIA 前局長約翰·麥克勞林曾經說過:「如果想用讓對方絕望的方法來震懾對方,就要讓審問現場帶有神祕性的微弱燈光,必須在審問開始的時候向對方作出暗示:我們已經掌握了這個案件兇手的訊息,同時我們也知道你就是兇手,我們掌握了你犯罪的證據。」麥克勞林認為,只有這樣說,才能從心理上真正震懾住對方,讓對方放棄抵抗。

據麥克勞林透露，CIA 在運用「讓對方絕望」的方法時，很注重尋找對方的薄弱環節。因為只有這樣才能保證自己在與對方交戰的時候給對方的心理上造成壓力，讓對方絕望，從而逼迫對方說出實情。這也就是說，從對方的薄弱環節入手更能讓對方感到絕望。

事實上，美國警察在應對一些非暴力的犯罪嫌疑人的時候總會在布置場景上花費很多時間。比如，他們會把很多資料都放在一起，有些甚至都不是他們正在調查的這個案子的資料。

CIA 認為，在對嫌疑人使用攻心戰術的時候，讓對方絕望是一個很有效的方法，但是在實施的時候要注意以下兩點。

(1) 千萬不要強行逼供

CIA 特工都知道：外在的高壓往往會讓事情變得更糟糕，而相比之下，聰明的暗示更容易讓對手知難而退。在美國歷史上，也有過很多這樣的案例，警方透過刑訊之後取得的證據到最後成了罪犯的救命稻草，原本辛辛苦苦得來的證據到了法院那裡因為強行逼供，導致全部都失去了效力。所以說，在「威脅」嫌疑人的時候，要非常隱晦與巧妙。

(2) 威脅要注意防止被對方看出己方實力

著名心理學家埃德蒙德‧胡塞爾曾說過這樣的話：「威脅的真實意義就是，實施者其實沒有絕對的把握戰勝對手，他只是希望藉助心理壓力讓對方主動投降。」實際上，在科比的案件中也是如此，警方並沒有確切的證據說明科比就是罪犯，而

警方只能用這樣的方法威脅他，讓他認罪。所以說，透過各種手段給對方心理上施壓的時候，一定要把握好一個尺度，以免弄巧成拙。

無形與有形施壓並舉，讓對方的心理失去平衡

　　在與對手對峙時，CIA 特工總是喜歡透過多角度來不斷攻擊對方的心理防線。CIA 特工米歇爾·格里菲斯指出，在和別人交涉時，經驗豐富的警察都會選擇多角度攻擊對手，因為手段過於單一，是很容易被化解的。從立威造勢這一方面來說，我們就需要恰當地把握好無形的壓力和有形的壓力，雙管齊下，這樣往往能夠得到不錯的效果。

　　在美國德克薩斯州的厄爾巴索，理查家誕生了一個男嬰，主人給他起名為傑爾吉斯。這個男孩在二十五歲之後，一共犯下了十三條命案。除此之外，他還犯下了盜竊、強姦、搶劫等多項罪行。第一次作案對於傑爾吉斯來說是一次轉折，而從那之後，他就徹底走上了犯罪的道路。可以說，第一次他犯下的案件對於他本人的觸動也是非常深刻的。

　　當時，傑爾吉斯趁著夜黑，溜進了一戶人家，他原本是想偷點值錢的東西就走的。但不幸的是，這家屋子的主人沒有積蓄，也沒有什麼值錢的東西，這讓傑爾吉斯很是生氣。

　　這間屋子的主人是一位獨居的老太太，當時已經七十五歲了。而沒能偷到錢財的傑爾吉斯遷怒於屋主，於是拔出匕首，對著熟睡的老人一陣猛刺。

　　之後，面對屍體，傑爾吉斯瘋狂了，他做出了更加讓人難以置信的事情：姦屍！天亮之前，傑爾吉斯逃回了自己居住的小屋。也許這一次的經歷對他震動太大，在那之後的半年多，他都沒有再

踏出自己的小屋一步。但是在半年之後，傑爾吉斯就變成了一個魔鬼，他不停殺人、搶劫、強姦，在持續五個月的作案之後，他落入了法網。但是，面對這些他犯下的罪行，傑爾吉斯卻抵死不認。

對於十三起謀殺、十一起強姦、十四起搶劫案，傑爾吉斯只供認了其中的一小部分。這倒不是因為他良心發現，而是由於這些案子警方已經有了有力證據，有目擊證人，無論他認不認罪，警方都能定他的罪。但是還有很多案子，由於傑爾吉斯殺害了所有在場人員，沒有人能指證他，所以他根本就不招供。

對於傑爾吉斯的態度，CIA 警員很氣憤，這個人殺了那麼多人，卻毫無悔意，他甚至把殺人當成了一種樂趣。對於這種犯人，CIA 從不留情，因此，對他的審訊也就變得更加嚴厲了。為了讓傑爾吉斯把自己所犯的罪行都交代出來，CIA 專門設計了一間審訊室，他們將這間屋子的布局裝飾得很狹小，當人們走進來的時候，馬上就會感到一種窒息的感覺。

負責審訊罪犯的警官是 CIA 資深警員文斯拉索，他言辭冷酷、犀利，這同樣對傑爾吉斯造成了極大的心理壓力。

「理查·傑爾吉斯，你一共犯下了多少罪行？」

「兩件，長官。」

「你認識傑尼夫嗎？」

「不認識。」

實際上，傑爾吉斯確實不知道傑尼夫是誰（傑尼夫就是那名被傑爾吉斯殺害的老太太）。接著，文斯拉索拿出了傑尼夫老太太生前的照片給他看，但是他依舊說不認識。

接下來，文斯拉索拿出了老太太受害之後的照片，並說：「看看你做的好事！」而隨著文斯拉索一張張展示照片，傑爾吉斯的臉色就

漸漸變了。於是，文斯拉索乘勝追擊，馬上把其他案件中受害者的照片都展示出來了。至此傑爾吉斯的嘴角開始顫抖，最後終於控制不住，放聲大叫起來，而文斯拉索則馬上大聲斥責他，並要求他說出實情。

接下來，傑爾吉斯就陷入了沉默，而文斯拉索則奉命把他轉移到了其他的監獄中。在走出這個警局的時候，一名受害人的家屬瘋狂衝破了警察的封鎖，然後咬住了傑爾吉斯的脖子。他的力氣很大，以致很多警員都無法把他拉開，最後警察不得不用電棍把這名家屬擊暈，才把傑爾吉斯帶走了。在從警局出來的路上，很多人都在罵他「人渣」、「惡魔」……而這些都給傑爾吉斯的內心帶來了很大的壓力。

因為人群暴怒，他們出去很困難，所以傑爾吉斯又被送回了審訊室。接下來，文斯拉索又對他展開了第二次審訊：「看到了吧，你犯下了多少不可饒恕的罪過，現在不用警察動手，都有人來取你的性命。你覺得你供認了幾個案件，然後不久之後出去被這些家屬追殺好，還是把所有的案子都供出來，讓警局多判你幾年，然後你安安全全待在監獄裡面吃牢飯好呢？」顯然，這些話對於傑爾吉斯還是會產生一些觸動的。文斯拉索看到他抽了一下鼻子，接著說：「照我看來，你待在監獄裡，或許能活得長久一些。」

毫無意外，三天后，傑爾吉斯供認了自己的所有罪行，但是意外發生了──一位叫做溫斯蒂的女士愛慕傑爾吉斯，她一直瘋狂追求他，兩人不久之後正式結婚。他們結婚後，傑爾吉斯的律師便以爭取「不要讓溫斯蒂成為寡婦」的權利為藉口，聯合人權和婦女保護機構，讓傑爾吉斯的死刑一次又一次被推遲。

但是在這裡，傑爾吉斯最終的處境，不是我們敘述的重點。美國著名犯罪心理學專家約翰·道格拉斯在看過這個案子之後認為，審訊者在這次調查當中對罪犯施加了非常大的壓

力，這一點是審問取得進展的重要因素。在面對類似於傑爾吉斯一樣的犯人時，普通施壓很可能不會產生效果，而正是由於 CIA 警員的雙管齊下，才壓制了罪犯，使得對方供認了自己的罪行。從這個案件中，CIA 總結出了對罪犯施壓的幾點技巧。

(1) 透過展示證據，讓罪犯感受到有形的壓力

在所有罪行業中，對傑爾吉斯觸動最大的就是他第一次做出的案件，即殺害老太太的案子。這是他第一次殺人，他一手製造了令人髮指的血腥場面，甚至在他身上還發生了姦屍這樣的變態行為。可以說，當時的傑爾吉斯處於一種癲狂狀態，當他清醒過來之後，對於自己的行為，連他自己都震驚了，因此他花費了半年之久的時間才調整過來自己的情緒。由於這是一個傑爾吉斯極力想要忘記的場面，所以當文斯拉索把當時的照片呈現在傑爾吉斯的面前時，給傑爾吉斯造成了一種莫大的壓力。

在走出了這個心理困境之後，傑爾吉斯真正走上了殺人狂魔的道路。之後，他作案頻率很高，經常是在犯了一個案子之後，第二天就又犯下另一個案子。在 CIA 看來，殘殺老太太是他向魔鬼轉變的關鍵點，而由人向魔鬼的蛻變是要經歷強烈陣痛的。傑爾吉斯用了半年時間擺脫這一切，而當文斯拉索將這種壓力再一次擺到傑爾吉斯面前的時候，他陷入極大的壓力中，也就是很合理的事情了。

(2) 透過現況展示，製造巨大的無形壓力

在感受到巨大的壓力之後，傑爾吉斯就變得沉默不語了。

這時，文斯拉索開始了非常巧妙的攻心戰術。他先是讓罪犯了解到，自己確實是犯下了讓人髮指的罪行，來自受害人家屬的壓力讓傑爾吉斯很不安，他整天都被這種負罪感包圍。精神上的壓力給傑爾吉斯帶來了很大的苦惱，他逐漸明白，只有交代出自己的罪行，自己的負罪感才能降低。

　　另外，文斯拉索不光利用壓力來攻擊傑爾吉斯的心理防線，同時他還用了「利益誘惑」的手段來給對方製造心理矛盾。這在這次審問中也是很重要的，按照文斯拉索所說，如果傑爾吉斯能夠與警方合作，那麼他還有可能免於一死。但是，若他不與警方合作，拒絕交代自己的罪行，出獄後面臨的將是眾人的唾罵，甚至追殺。

　　對於傑爾吉斯來說，現在自己面前似乎真的出現了一條更好的道路，而這個隱約可見的選擇讓他陷入進退維谷。在強大的誘惑面前，到底是選擇堅持還是舉手投降，這同樣也是一個讓他非常痛苦的事情，而在無形之中，他自身就會產生強大的壓力。有了壓力，他的心理防線就會逐漸崩潰，而這就是 CIA 想要的結果。

用沉默的身體語言擊破對方的心理防線

美國歷史上曾發生過這樣一起槍擊案件：二〇〇九年，美國德克薩斯州胡德堡陸軍基地發生了一起駭人聽聞的槍擊案。此次槍擊案共造成十三人死亡，數十人受傷。然而，令人意想不到的是，兇手竟然是該基地一名叫達爾‧馬利克‧哈桑的軍醫。在兇手被抓獲之後，德克薩斯州的警察便對其展開了審訊，可是在審訊過程中，兇手卻始終低著頭，一言不發。在這種情況下，審訊被迫中止。萬般無奈之下，德克薩斯州的警察就向 CIA 尋求幫助。

當經驗豐富的 CIA 站在兇手面前時，該兇手仍然低著頭，沉默不言。此時 CIA 意識到，這名兇手具有極強的心理素質，如果貿然對其展開訊問的話可能會毫無收穫。所以，在這種情況下，CIA 並沒有直接對其展開審訊，而是用威嚴的眼神和冷漠的表情像惡狼似的緊緊死盯著兇手。剛一開始的時候，兇手對這位 CIA 根本不屑一顧，甚至還帶有點嘲笑的意思。但是，CIA 突然轉過身來，整理了一下自己的衣服之後，就開始圍繞著這位兇手踱步。CIA 一邊走著，一邊還故意讓軍靴發出巨大的聲響，與此同時，他的眼睛還十分凝重的盯著兇手。一圈，兩圈，三圈……當 CIA 轉到第十一圈的時候，兇手突然抬起頭來大聲喊道：「不要走了！」並用雙手用力抱住了自己的腦袋。

此時，這名 CIA 果然停下了腳步。然後，他快速走到兇手的對面，並坐了下來。與此同時，他還從桌子上拿出一支菸來，並故意把點火動作的幅度做得更大一些，然後向兇手吐了一個菸圈。兇手聞到香菸的味道之後，冷靜抬起頭來，瞟了一眼 CIA，然後如釋重負，說道：「給我一支香菸，我說！」

此時，這名 CIA 終於露出了勝利的笑容，並把香菸遞給了兇手。當兇手接到香菸之後，顫抖著點著菸，讓菸氣在喉嚨裡打了一個圈後，終於向 CIA 交代了他的犯罪經過。

在與兇手的對話中，CIA 得知，兇手雖然非常抵觸被派往伊拉克，但還是願意為那裡的士兵提供心理輔導的。兇手還表示，導致他行兇最直接的原因是他信奉伊斯蘭教，卻經常遭到別人的侮辱和欺負，甚至在一些公開場合，他的談話都會遭到別人的嘲笑。而正是這個原因，使他產生了報復心理。在別人眼中，他就是一個製造笑柄的人，因此沒有人願意和他交往。這些外界的因素都加重了他的心理壓力，以致他最終用製造槍殺案的方式釋放了掩埋在自己內心深處的巨大壓力。

透過這個案件可以看出，CIA 僅僅憑藉自身的強大氣場就使兇手供述了犯罪的經過，那麼他究竟是如何做到的呢？為此，CIA 總結出了這樣一些心得。

(1) 不要直接對那些不願主動交代的犯罪分子實施訊問

很多時候，有些犯罪分子實施犯罪後可能不會主動向警察供述自己的犯罪過程，這樣的犯罪分子大多會存有僥倖的心理。據 CIA 心理研究中心的研究報告稱，這樣的犯罪分子一

般都具有超乎常人的心理素質，因而他們絕不會主動交代問題，而是選擇負隅頑抗。在 CIA 看來，對這樣的犯罪分子不能採用直接訊問的方式。因為當這些犯罪分子產生「心理疲勞」後，他們是很難回答那些被反覆提及的問題的，因此便會出現拒而不答的情形。如此一來，對案件的成功審理就帶來了負面影響。CIA 在訊問這些犯罪分子的時候，往往不會直接對他們訊問，而是用自身散發出的氣場讓犯罪分子主動交代自己的罪行。

（2）多說不如少說，少說不如不說

也許很多人對這樣的處理方式感到莫名其妙。因為在他們傳統的意識中，如果什麼也不說的話，怎麼能從犯罪分子口中得到有價值的訊息呢？但在 CIA 看來，多說不一定就能得到有價值的訊息。因為不排除一些犯罪嫌疑人對喋喋不休的談話感到厭煩，如果這樣的話，還談何從其口中得到有價值的訊息呢？因此，CIA 認為，在適當的時機，要學會少說，甚至不說。因為只有這樣才能給對方一些神祕感，給對方的心理造成一定的壓力，從而從對方那裡得到有價值的訊息。

（3）無聲的身體語言往往能帶來事半功倍的效果

在 CIA 看來，在與犯罪分子交鋒的過程中，並不是任何事情都需要用大喊大叫的方式來展開的。相反，用無聲的身體語言往往能帶來事半功倍的效果。比如，透過威嚴的眼神讓犯罪分子的心裡產生畏懼；透過握緊拳頭向犯罪分子傳遞出力量，讓其喪失反抗的心理；透過腳上穿的鞋子製造出讓犯罪分

子心理防線出現鬆動的聲音，讓其乖乖坦白自己的罪行。而這些在與犯罪分子交鋒的過程中往往都能造成事半功倍的效果。其實說到底，這些都是氣場在發揮作用。在 CIA 看來，一個人擁有氣勢不如擁有氣場，因為氣勢只能從表面唬人，決定不了任何事，而氣場則是一個人內在能量場的表現，在案件的審理過程中會造成至關重要的作用。那麼，人們可以透過什麼方式來建立自己的氣場呢？

CIA 認為，只有敢於向前，勇於追求自己的理想，才能使自己的氣場表現得勢不可當。勇氣是一個人最大的魅力，它好比一股神祕的力量，使一個人能堅持到底去追求自己設立的目標，並征服周圍的一些人；它會讓一個人永遠不滿足，而每當你達到一個新高度時，它便會召喚你向著更高的方向去追求。當一個人擁有強大的氣場後，周圍的人就會對你刮目相看，甚至會對你心生敬畏。

「勇氣能最大限度發揮出自身內在的爆發力，而這正是震懾對手心理的絕佳方法。」CIA 經常用這句話激勵自己前進。可在實際生活中，有些人各方面都比較優秀，唯一不足之處就是缺乏勇氣正視別人，即與別人交往時缺乏一定的勇氣，往往表現得神情慌張，眼睛四處環顧。這主要是因為他們感覺到自身能力不及對方所致。

當與人交往時，注視別人的眼睛是最起碼的禮貌。注視別人的眼睛說明此人是坦誠的，對他人也是尊重的。可很多人沒有勇氣正視他人，也很難將自己的真實想法表露出來。由於這些人過多約束著自己的言語，以致他們不能感染到別人，更無

從談及震懾人心。因此，在 CIA 看來，沒有勇氣正視別人，就說明這個人不敢正視自己，同時也暗示著這個人的內心是自卑的，這其中的原因可能與這個人的家庭背景有關，比如，從小便生活在父母百般的呵護中而缺少獨立生活能力和社交技能的培養。此外，還可能與心理因素有關，比如，當他們嘗試去做某一件事情時，在遭遇失敗的同時還受到了其他人的嘲笑，這就使他們再也沒有勇氣去嘗試做那件事情了；也可能是對自身的外貌和性格沒有信心，他們認為別人不願意與一個其貌不揚的人交往，久而久之，他們就會認為「自己不夠好」。

而為了能夠幫助這些人克服恐懼，增加勇氣，CIA 給出了這樣一些方法。

（1）做好心理暗示

一個人在與他人交往時若希望自己有勇氣正視對方，就需要在注視別人前事先做好心理暗示：「我是一個坦坦蕩蕩的人，心裡沒有鬼就不怕別人看。」一般，透過這樣的心理暗示就能有效緩解內心的恐懼。

（2）學會轉移注意力

注視對方的眼睛時，對方的眼神可能是十分銳利的。在這種情況下，為了避免對方的眼神「傷」到自己，要學會轉移注意力。比如避開別人正視的目光，以對方的眼睛為界限，將目光轉移到對方的額頭或鼻子上，在避開對方銳利眼神的同時也保護了自己。

(3) 不惜一切代價搶占先機

CIA 認為，在與對手交鋒時，誰能搶占先機，誰的勝算就會更高一些。通常，能搶占先機的人往往也具有一定的勇氣。比如，當 CIA 在審訊一名犯罪分子時，不僅會用銳利的目光直視犯罪分子，還會配合一些身體語言。而當犯罪分子看到這些後，心理上就會受到一定的影響，從而更容易供述出自己的犯罪過程。

以上這些都是 CIA 總結出的苦練氣場的方法，而且 CIA 透過實踐證明，這些方法是適用於大多數人的。相信越來越多的人透過學習這些方法後，能展示出自己全新的姿態給別人看。因為，只有用自身強大的氣場感染到別人，才能震懾住別人，就像 CIA 一樣，能夠不說一句話，僅僅是透過自己的沉默，就攻破了對方的心理防線。

該「洩密」時就洩密：適當的示弱，CIA 干擾對手心理防線的絕招

美國心理研究所的一份報告指出，大多數人都存有這樣的心理，即希望自己是沒有人能代替的，不希望看到別人比自己強。而如果別人比自己的優點多，有些人就會產生嫉妒心理，這樣就會導致這些人不能安心工作。為了使人擺脫這樣的狀態，CIA 建議，人要學會適當「洩密」，就是適當向對方暴露自己的小祕密或者是劣勢，而這樣就能讓對方放鬆警惕，從而達到干擾對方心理的目的。

在現實生活中，很多時候人們的心態都是不平衡的，總是希望別人沒有自己優秀，只有這樣才會感到滿意。由此看來，適當運用「洩密」的方法，消除對方心裡產生的你總是占上風的感受，讓對方感到心理平衡十分有必要。CIA 前任局長曾表示，CIA 在與對方交鋒的時候，不會表現出處處占上風的姿態，而是會適當洩漏自己的祕密，讓對方產生一種心理平衡。所謂的向對方洩露自己的祕密，也就是適當向對方暴露自己的缺點，這歸結在心理學上即叫做「出醜效應」。

出醜效應就是指精明的人在不經意間犯了一些錯誤，不僅不掩飾自己的錯誤，反而更願意讓別人知道他的錯誤，這樣就會讓他人的心理平衡一點，會使他人更容易對自己產生信任感。

俗語說：「愚者示強，智者示弱。」也就是說，處處爭強好勝，並不是明智的行為，能在適當的時候示弱，是一種生存的智慧。在面對別人的時候，人應該學會示弱，這是做人的最高境界。但是在生活中，人們往往都不願意示弱，覺得這樣很沒面子，會讓人看不起，因此人人都爭強好勝，在與別人有爭端的時候，誰都不肯退一步，而這樣往往會使事態的發展趨向很嚴重的後果。而在事情結束之後，人們往往會對自己的行為表示後悔。

心理學家阿龍森做過這樣一個實驗：有四位選手參加一個演講比賽，其中的兩位能力相當，都很強，而另外兩位才能一般。在演講過程中，兩位能力很強的選手中有一位因為言辭激烈，不小心打翻了桌子上的杯子，另一位則表現得很完美。才能平庸的人中也有一個人因為緊張打翻了桌子上的杯子。針對這種情況，心理學家問觀眾，在這四個人中對哪一個人最有好感。

結果顯示，四個人中最受歡迎的是才能出眾，但是不小心打翻了杯子的人；最不受歡迎的是才能平庸打翻杯子的人。而關於原因，觀眾們認為才能出眾，表現完美的人給別人一種壓力，讓人不敢親近；而才能出眾又犯了一點小錯誤的人，給人一種親切感，這樣就彌補了因才能出眾與人產生的距離感，而這就是著名的「犯錯誤效應」，也叫做「阿龍森效應」。也就是說，太完美的人反而讓人不想親近，因此向別人適當示弱，能讓你離成功更近一步。

在生活中，人們都想要爭一口氣，但是因為爭這一口氣而

造成不可收拾局面的例子卻比比皆是。尤其是現在的年輕人，個性很強，都想張揚個性。殊不知，過分張揚個性，會出現反效果，會讓人們把你歸到自傲那一類人裡面，以至於影響你的前程。而適當示弱不僅不會讓別人看不起，還會獲得別人的尊敬，讓自己的生活或者前程更加美好。比如生活中性子烈，難被人馴服的馬，一般壽命都很短。因為難馴服，無法像人們期望的那樣去參加比賽，因此牠就只有被吃這一條路。而那些懂得適當示弱的馬，則很容易被人馴服，這樣一來，牠們就會被人精心照顧，以便參加比賽的時候能夠有好的成績，因此牠們會有更美好的生活。而在生活中，適當示弱就是一種很好的方法。

在一個峽谷上，西面的坡上長滿了各種各樣的樹，但東面的山坡上卻只有雪松。而造成這種現象的原因其實很簡單，就是因為東面山坡上的雪總是比西面下得要大，當雪在樹枝上堆積到一定程度時，雪松的樹枝就會彎曲，上面的雪就會都滑落下來。因此，雪松可以在大雪過後依舊存活，而那些其他的樹木因為不會彎曲，所以在東面的山坡上無法生存。

我們從小接受的教育都是「不甘示弱」，如果示弱則說明你就是個懦夫，但是事實上，適當示弱是一種智慧。在現實生活中，凡是爭強好勝的人，最後都會碰得頭破血流，而懂得適當示弱的人，大都會小有成就。勇敢是一種品質，但是當沒有取勝的可能時，示弱也是一種戰術。這不是投降，而是一種理智的退讓，CIA 就十分善於運用這樣的戰術。

第二次世界大戰之後，美蘇爭霸，兩國都向對方國家派出了

很多的間諜，當時 CIA 就有一項很重要的工作──反間諜工作。在一九六二年古巴導彈危機前，前蘇聯派了大量的間諜來探查美國的情報，其中有一名前蘇聯的間諜化妝成流浪漢的樣子，想利用這一身分逃過 CIA 的調查。

但是，他還是沒有躲過 CIA 的火眼金睛──CIA 注意到了這名叫做亨利的間諜，但是 CIA 沒有足夠的證據，不能確認此人的身分。隨著危機的加重，CIA 開始盤查那些留在美國的可疑人員，而亨利也被請到了警局接受審問。

負責審問亨利的 CIA 探員名叫艾森，他沒有直接進入主題，而是謊稱自己是做流浪人員登記的工作人員，而且與亨利閒聊了很久。閒聊中，亨利自稱是加拿大人，只會說英語，但是艾森注意到亨利說話的時候很謹慎，語速很慢，好像每句話都是經過深思熟慮之後才出口的。再加上艾森從閒聊中對亨利性格的了解，他認定這個人一定不是一個普通的流浪漢。

因此，艾森想找一些方法來試探這個人的真正底細。雖然他設了一些圈套，故意引導對方向他的圈套中走，但是亨利顯然是受過專業訓練的──說話毫無破綻，每次都能巧妙化解他的圈套。後來，艾森意識到這樣有意識提問一定會讓對方有所警惕，而想要讓對方露出破綻，就要讓他先放鬆警惕。艾森想到，只要能證明對方會說俄語，就能拆穿對方的身分。

最開始，艾森首先讓亨利來數數，然後在他數數的過程中故意打斷他，再詢問亨利數到哪裡了。但亨利很狡猾，他並沒有像普通人那樣下意識用自己最熟悉的語言回答，還是用英語作了答覆。過了一會兒，艾森派人在屋外點了一堆火，然後用俄語大聲喊「著火了」，如果對方不夠警惕，就會露出驚慌的神情，但是很遺憾，對方依舊是無動於衷。

後來，艾森在屋外小聲對身邊的人說：「看來這個流浪漢真的不是蘇聯間諜。」艾森說話的聲音雖然控制得很小，但還是在亨利能聽到的範圍之內。艾森回到審訊室之後對亨利說：「好了，你自由了，可以離開這裡了。」聽到這裡，亨利的嘴角露出了勝利的微笑，但是亨利馬上覺得不太對，因為艾森也同樣露出了微笑。亨利一回想，才發現自己中計了──艾森剛剛的那句話是用俄語說的。艾森故意「不小心」讓亨利聽到自己已經認定他不是間諜的事實，讓亨利放鬆警惕，然後再對其攻擊。

在這個案例中，艾森在發現其他方法都沒有對對方產生作用之後，及時調整了自己的方法，巧妙洩露祕密，向對方示弱，讓他覺得自己無能為力了，這樣就能讓對方放鬆警惕，解除他的心理防禦，當對方認為勝利就在眼前時，再給對方致命一擊。所以，CIA 認為，適當的洩密不僅不會讓你失敗，有時候反而會讓你走向成功。

咆哮審問：在聲嘶力竭的喊叫下擊毀對方的心理防線

咆哮式審訊也是 CIA 在審訊時慣用的手段，雖然這樣的審訊方式看上去有些粗暴簡單，但事實證明，這是有效的審訊方式。曾在犯罪率極高的紐奧良市警察局供職的 CIA 探員布拉德這樣說過：「狂風驟雨般的審問對於一部分罪犯是非常有效的，不能說他們害怕這種粗暴的審訊方式，我們只能說透過咆哮，會強化警方的氣勢，而這種優勢會帶給嫌疑人巨大的心理壓力。」

二〇〇五年，美國威奇托市警察局內傳來一陣歡呼，原因是一個變態殺人惡魔終於落網了。這名罪犯名叫丹尼斯·里德，是威奇托市本地人，從一九七四年開始，他一共虐殺了十個人，其中不乏老人和小孩。

但是，現在一切都已經結束了，CIA 專家在一張老式電子磁片上將一份可疑文件恢復還原，而這份文件的最後修改者署名正是「丹尼斯·里德」，而這直接將他送進了警察局。

面對警方的多項指控，里德矢口否認。在他看來，自己就是一個正人君子，他甚至連自己為什麼會遭受懷疑都不知道。事實上，里德在平時也確實努力讓自己做一個好人，他在自己居住的社區當中名聲非常好，很多人都會在需要幫助的時候找他，但是這並不能作為警方赦免一個嫌疑人的資本。

一方是掌握了可靠訊息的警察，另一方則是不願意買帳的市

民——他們覺得警察抓錯了人，讓真正的兇手逍遙法外，而里德則是被冤枉的。追蹤這件案子長達十一年的托雷警官表示：「儘管有很多人覺得我們沒有找到真正的兇手，但是我們確信，電腦查證的歷史記錄不會出錯，眼前這個溫文爾雅的男人，就是真正的兇手。」

實際上，在這個案件的審訊過程中，咆哮式審問發揮了非常重要的作用。而令人哭笑不得的是，這種蠻橫的審訊方式，竟然是由於負責審訊的警官巴倫納·安東尼難以控制自己的情緒，歪打正著得來的。

「對於他的所作所為，我感到無比的氣憤，如果是在一個無人的孤島上，我會當場打死他。」安東尼說，「他太血腥了，捆綁、折磨、殘殺，甚至連九歲的孩子都不放過！」

在安東尼之前，也有警官對里德進行了審問，但是效果不佳，里德根本不願意和警方合作，他聲稱自己根本不知道關於電子文件的事情，而且他極力表示也有可能是因為駭客盜取了他的個人訊息。隨後，安東尼就介入了審查，他開始大聲喝斥里德：「渾蛋！你知道是誰幹了這些喪盡天良的事情，除了電腦記錄之外，我們的DNA訊息庫中還保存著兇手遺留下來的個人訊息，現在你還想要說些什麼？」

「我不知道，或許是案發當天我正好和受害人見過面，總之有各種可能，但我絕對沒有殺人。」

「渾蛋！你以為警察和你一樣蠢嗎？！你這個變態！色魔！我們在受害人身上找到了你的精液，趁著現在我還有一絲耐心，快點把你的齷齪行徑交代出來吧！」安東尼一邊說著，一邊用力拍打著桌子。而里德真的被這一幕深深震住了，他瞠目結舌，過了很久才回答說：「我從來不知道你們採集到了我的DNA訊息的事情，我……」

「閉嘴！你這個惡魔！你的女兒生病了，在醫院接受檢查，我們

從醫生那裡得到了她的 DNA 訊息，現在你還有什麼可說的！」

聽到這樣的話，里德陷入了長時間的沉默當中，而安東尼也沒有停止，他仍舊喋喋不休怒吼著。這種近乎癲狂的做法讓里德失去了反擊的機會，有好幾次，他想要抬起頭來替自己辯解幾句，結果都被安東尼的暴怒鎮住，繼而又低下頭來，默默反思。

兩天之後，這件案子成功告破，里德交代了他所有的罪行。對此，很多市民都露出了難以置信的神情。因為在他們看來，熱心腸的里德居然是殺人兇手，這真是令人不可思議。

關於這個案件，狡猾善變的殺人兇手為什麼會在最後放棄了抵抗呢？對此，耶魯大學心理學教授保羅·布羅姆進行了分析，經過調查之後，他認為里德是一個患有嚴重精神憂鬱症的人，雖然他看上去很兇殘，但實際上他卻是一個嚴重依賴他人的傢伙。即對於這樣的人，咆哮是征服他的最好方式。

對於里德的案子，布羅姆總結說：「他缺乏安全感，容易對暴力產生屈服，這一點是非常隱晦的。可以說，警方的怒吼是歪打正著。」

對於里德的一些怪異、荒唐的行徑，布羅姆也做了一個簡單的整理。

一九七四年，兇手將自己第一次作案的細節及經過全部寫在了一張信紙上郵寄給警方。

一九七七年，兇手再一次忍無可忍，寫信給一家電視台，

並在結尾處這樣說道:「該死,究竟我還要殺死多少人才能引起警察局的重視……美利堅將我遺忘了,它根本就沒有注意到我的存在。好吧,我現在做得還不夠。」

一九七八年,兇手再一次寫信給電視台,聲稱自己是四起兇殺案的元兇,同時他還將受害人的名字一一列了出來。

一九七九年四月二十八日,喪心病狂的罪犯竄入了一名叫做安娜的老太太家中,企圖玩一次守株待兔的遊戲。但是,由於當天安娜太太去了一家廣場跳舞,不耐煩的里德「負氣出走」,還在臨走前寫了一首題目為「安娜,你為什麼不回家」的十九行詩。

直到被捕之前,里德的荒唐行徑還是沒有降低半分,他將一個紅色的信封寄到了警察局。而正是在這個信封當中,專家追蹤到了有關里德個人訊息的電子記錄。

最後,布羅姆教授總結說:「可以看出,里德總是不斷吸引他人的注意力,這實際上是一種隱晦的自卑心理在作祟。對於里德來說,他害怕遭到其他人的忽視,所以總是想要做出一些引人注目的事情。事實證明,這類人在人格方面往往是軟弱的,他們在感受到強壓的時候很容易產生屈服的意願,而里德正是這樣的人。」

至於咆哮的運用,布羅姆教授也總結出了以下一些技巧。

(1)咆哮就要歇斯底里

布羅姆教授指出,如果一旦確立了使用「咆哮」來審訊囚

犯之後，審訊者就需要加強自己的能量，「一怒到底」。

他表示：「做任何事情都不能淺嘗輒止，審訊犯人也同樣如此，如果嗓門不夠洪亮，表情不夠震怒，那麼你最好就不要咆哮，因為這對於犯人是起不到任何作用的。不徹底的狂怒會使整個場面陷入一種尷尬的境地，一旦罪犯的感情沒有被調動起來，那麼對他而言，你現在的表現就像是在演戲。」

具體到里德的案子上，可以看到，出於強烈的痛恨，安東尼表現得無比憤怒，這種極致的咆哮使他在心理上占據了高地，並徹底征服了對手。

(2) 咆哮，再果斷一點

在衝著犯人咆哮的時候，一定要讓自己顯得更加果斷一些。對於這一點，布羅姆教授做了一個非常有意思的比喻：「NBA 的籃球裁判們看上去很公平，明察秋毫，但實際上他們也不能保證自己的每一次判罰都是正確的。他們要做的，就是讓自己時時刻刻看上去都無比堅定。」如果籃球裁判在做決定的時候顯得猶豫不決，球員們就會懷疑「他真的是這樣想的嗎」、「他其實也不能確定」等，而這樣就很容易讓彼此陷入互相的猜忌當中。其實，美國警察在審案的時候也非常重視這一點，他們在咆哮的時候總是顯得無比自信，不容置疑，以致每一個罪犯都因此而膽顫心驚。經過一次又一次這樣的衝擊之後，罪犯最終繳械投降，也就在情理之中了。

(3) 言之有物的咆哮才能造成持續的壓力

　　在布羅姆教授看來，咆哮不是單純的怒吼，而且怒吼是沒有絲毫意義的。具體到里德的案子上來說，安東尼在咆哮的同時還舉出了一些非常重要的物證，這對於罪犯的心理打擊是非常有效的。很顯然，如果不是電子文件上的修改者記錄和 DNA 化驗結果，狡猾的里德是很難會屈服的。

第三章
建立縝密的思維邏輯——
FBI 狙殺謊言的心理戰術

在 FBI 看來，嫌疑人如果試圖將謊言進行到底，那麼勢必會做出一些有效的掩飾。高明的說謊者，通常會透過一些技巧和花招，作為裝飾謊言的華麗「外衣」，以達到干擾他人思維、降低他人防範意識的目的。經過 FBI 資深心理學家研究發現，犯罪分子的種種掩飾都是針對他人的心理規律出發的，這也是犯罪分子屢屢得逞的原因之一。由於犯罪分子都具有很高的心理騙術，使得人們對一些騙局防不勝防。FBI 除了要提醒人們多加防範，不讓不懷好意的人利用人的心理漏洞之外，還提醒人們從自己的內心出發，建立縝密的思維邏輯，加強自身的心理防禦修煉，以讓自己在心理戰中謀得勝利。

縝密嚴謹的邏輯思維是 FBI 識破謊言的「重型武器」

　　美國聯邦調查局的警官史蒂芬·周曾表示：「犯罪分子都是非常狡猾的，即使他們知道警方懷疑自己，仍然會讓自己鎮定下來，因為他們總能編造出很多讓人信服的理由，來掩蓋自己的犯罪行跡，其目的就是減輕自己的罪行，逃脫法律的制裁。」其實，沒有哪一個人會一生中完全不說一句謊話的。也就是說，這個世界上並不存在完美無缺的人，每個人一生中或多或少都會說謊。當你用「謊言」從別人那裡得到自己需要的訊息時，別人或許也在用「謊言」傳遞給你虛假的訊息，讓你做出錯誤的判斷，以達到自己的目的。

　　雖然人們的心理變化是難以思索的，但是 FBI 卻認為，人的心理活動變化是有規律可循的。對此，FBI 在心理學方面投入了大量的時間和精力，對嫌疑人的謊言心理做各種研究，目的就是識破嫌疑人的謊言，掌握其犯罪動機。而這一研究也被 FBI 警員運用在了工作中。很顯然，FBI 警員們不單單只是針對謊言，他們明白謊言背後往往是嫌疑人真實的心理狀態，所以，透過謊言他們常常能察覺到嫌疑人的心理規律。

　　一九九七年夏天，FBI 警員接到俄勒岡警部的訊息，在俄勒岡附近的一個城鎮裡，發生了一起少女被殘忍姦殺的案件，被害人是一名叫托維亞的十七歲少女。

案發當晚是週末，托維亞來到溜冰場消磨時光，但因為是新手，所以她溜冰的技術很差。當她一個人搖搖晃晃拉著扶手向前走時，一不小心身子失去平衡，眼看就要倒下的時候，一名年輕的男子飛快溜過來，扶住了她的身體，讓她免受了摔倒的痛楚。

　　而這名給予托維亞幫助的男子不僅溜冰技術超好，而且長相俊美，風度翩翩，更讓托維亞欽佩的是，他樂於幫助他人：他看到托維亞總是扶著溜冰場邊上的欄杆，所以自告奮勇教托維亞溜冰；他主動為托維亞做了示範，並為她講解盡快學會溜冰的步驟。很快，托維亞就和這名年輕的男子成了朋友，她放心把手交給男子，並與之熱情攀談起來。在年輕男子的言傳身教之下，托維亞很快就學會了溜冰，即能夠不扶扶手就簡單溜一小段了。

　　這時，托維亞已經把年輕男子列入懂得幫助他人、關心他人的熱心人的行列了。因此，在溜冰結束後，當年輕男子提出護送托維亞回家時，她沒有表示拒絕，而是欣然接受了男子的好意。於是，兩人一路聊天行走，不知不覺之間，托維亞就跟著男子來到了郊外的森林邊。但此時，托維亞還沒有意識到危險正在向自己靠近。就在她談論起自己的溜冰技術提高，讓自己非常開心時，年輕男子左右觀望，見四下無人，地點隱蔽，突然露出了猙獰的面孔。年輕男子不顧托維亞的反抗，將其暴力姦殺。

　　這起姦殺案件發生之後，雖然過了半年的時間，警方都沒有找到兇手，但時隔半年之後，隨著喬治亞州的另一起姦殺少女案的偵破，警方逮捕了這名年輕男子，而男子也毫不掩飾告訴警方，自己正是半年之前姦殺托維亞的人。

　　從整個案例中不難看出，不僅只是FBI對犯罪分子的心理規律有一定的了解，善於說謊的人同樣對人們的普遍心理規律有一定的了解。從案例中年輕男子的做法上來看，他不僅懂得

運用少女托維亞的心理變化規律，而且善於利用這一規律製造謊言，並以此來偽裝自己的犯罪目的。其實，案例中的罪犯之所以能夠欺騙少女，一方面是因為年少的女孩通常比較單純，對人心的險惡不甚了解，而另一方面則是因為犯罪者能夠覺察到少女的心理規律。而正是因為他能抓住這一規律，所以才能留給對方一個好人的印象，使得對方對其警惕心理有所降低，這才使他有了可乘之機。

FBI 指出，在這一案件中涉及的心理規律，被心理學家們稱為「第一印象效應」。也就是指，兇犯給受害者留下良好的第一印象導致了托維亞對兇犯產生了錯誤的思維定式，而兇犯懂得利用這一心理規律，讓受害人對自己產生信任，從而達到自己的目的。在現實生活中也是如此，人們都會憑藉第一印象，去判斷這個人的好壞。其實，很多高明的說謊者正是利用人們的這一心理規律，編造謊言，騙取他人的信任的。

對此，FBI 心理研究部還曾做過一個實驗：FBI 警員將試驗者分成兩組，兩組成員都觀看同一張照片，然後再將其分開。FBI 警員告訴第一組人：「你們剛才看到的照片，是一位屢教不改的兇犯。」緊接著，他們又告訴第二組人：「你們剛才看到的照片，是一位著名的作家。」然後，再要求兩組人按照照片上的人的特徵，去分析其性格特徵。

結果，第一組人運用了一些窮兇極惡的詞語來描述照片上的人，並分析出照片上的人可能犯下了滔天大案，謀害了多人，且心理變態；而第二組人卻有著截然相反的描述，他們讚美照片上的人。面對同一張照片，兩組成員看到的同樣都是深

陷的眼睛和高聳的鼻子，卻得到了截然不同的答案——第一組成員評論道：「你看他的眼睛深陷下去，說明他本身就藏著邪惡，而高聳的鼻子則代表他不思悔改的決心。」第二組成員則評論道：「他眼睛深陷，說明其目光深邃，懂得深思熟慮；他高聳的鼻翼，則秉承了作家的堅強意志。」

透過這個實驗，FBI 得出結論：當人們在頭腦中對一個人形成第一印象的時候，就會以「第一印象」為態度方向，去了解這個人，而這也是人們在人與人之間交往的過程中，最基本的心理規律。也就是說，如果你抓住了這種心理規律，給別人留下良好的第一印象，那麼在以後的交往過程中，對方就能以這種對你有利的心理規律，去和你交往，發掘你身上更多的優點，而忽略你身上存在的缺點。與之截然相反的是，如果對方在第一印象中就給予了你否定，那麼在接下來的交往過程中，對方就會忽略你的優點，而將目光投向你的缺點，並且會越來越討厭你。

FBI 指出，犯罪分子為了實行自己的犯罪活動，只能費盡心機編造一些謊言，製造良好的第一印象給他人，讓他人更加信任自己。事實上，透過對很多犯罪案件的分析，FBI 指出，大部分犯罪分子留給受害者的第一印象都是樂於助人、熱心善良的正面形象，而他們的謊言也總能讓人相信。這種透過謊言偽裝的方法，在自然界中也很常見。比如，「黑寡婦」在與雄性蜘蛛交配之後，會咬死自己的伴侶；雌性螢火蟲用美麗的螢光吸引到雄性螢火蟲交配之後，會將其吞入腹中等。在 FBI 看來，那些高明的行騙者，也和這些動物一樣，都是用謊言偽裝

自己,在人們面前樹立正面的形象,以達到自己的犯罪目的。

在面對狡猾的兇犯時,FBI 總能戳破其「謊言」的面具——FBI 不會相信兇犯的任何推脫之詞,只相信自己的邏輯思維。FBI 總能縝密嚴謹的對嫌疑人的每一個動作和言辭分析判斷。而作案越多的人,往往越是說謊的高手。在 FBI 經手的所有犯罪案件當中,沒有一個兇犯或騙子會忽略偽裝自己的形象,而且他們往往懂得抓住別人的心理規律,用謊言刻意製造出自己正面的形象,小到穿衣打扮,大到言談舉止,沒有一樣不是經過精心的準備和設計的。而犯罪者這樣做的目的,就是讓自己顯得更加可信一些。值得一提的是,他們通常會穿著華麗的外衣掩蓋住「謊言」,來欺騙那些辨別能力低的人,特別是一些天真的少男少女們。

對此,FBI 認為,在社交場合中,那些所謂的一見如故、一見鍾情,很多都是不可信的,而這些大多數還是因為「第一印象效應」產生的心理感受。事實上,在面對任何一個人的時候,FBI 都不會降低防範心理,FBI 警員總會用一種看似溫和,實則銳利的眼光來觀察面前的嫌疑人。在日常生活中,人們身邊總是存在著很多不確定的因素,比如,你身邊看似對你無害的人,可能是一個詐騙犯或殺人犯。因此,FBI 提醒人們,當你於人際交往活動時,在一些社交場合中,不要輕易相信對方,而如果你的防備心不夠,選擇了相信對方,那麼最好祈禱對方沒有欺騙你。

FBI 的遠程狙殺讓看似密不透風的謊言無處藏身

　　FBI 的心理戰術，不僅僅只體現在對犯罪分子的心理分析上，還集中在精神上。其實，精神也是心理的一部分，甚至可以說，它們之間是相輔相成、相互依託的。精神學派的創始人佛洛伊德曾說過：「任何一個感官健全的人，都相信自己能夠守住祕密。可是，他們的身體往往比語言更加誠實。當他們選擇閉上嘴巴時，他們的眼睛就會出賣自己；而當他們閉上眼睛時，他們的手指又會出賣自己。所以，為了不讓別人識破自己的謊言，最安全的做法就是不說謊。當你的話呈現最真實的狀態時，你也就脫離了謊言，別人也就無法把你列入騙子的行列中了。」

　　可是，任何一個人都無法避免面對謊言，即使你不說謊，也無法保證自己不被謊言欺騙。所以，你需要掌握一套縝密的思維邏輯，幫助你看破謊言。毫無疑問，FBI 是你最好的「老師」。在 FBI 看來，高明的說謊者，總能編造出「毫無破綻」的謊言，但需要注意的是，他們在編造謊言的時候，通常是因為察覺到了對方的心理規律，並利用這種規律，使得受騙者認為自己的謊言是「毫無破綻」的。但是，在 FBI 看來，任何謊言都有其破綻。也就是說，世界上不存在沒有破綻的謊言，而只要思維邏輯足夠縝密，就能讓謊言現出原形。

　　FBI 指出，通常行騙者會運用人們的某些心理行騙。比

如，抓住人們的「身分效應」心理，即行騙者會偽裝成有身分背景的人，編造謊言，騙取受害者的信任和金錢。而加利福尼亞州警部經手的一個案件，就可以很好的證明這一點。一天，加利福尼亞州接到一名大學生的報案，一個自稱是某唱片公司製片人的人，總是以女生有在演藝界發展的潛質為藉口約一些女生，並對其誘姦或騙取其錢財。這種案件在當下可謂數不勝數，行騙者往往會借用虛假的身分，誘導不諳世事的年輕人上當，以從受害者身上謀得好處，榨取錢財。

當然，能夠上當的人，也說明其本身就是虛榮心太強，再加上其辨別能力較低，所以他們很難識破這種拙劣的謊言。因此，FBI 認為，謊言之所以能達到其欺騙效果，主要是因為行騙者抓住了人們的各種心理特性。其實，與這種簡單的謊言相比，最令人難以防範的謊言是被多年的朋友欺騙：在現實生活中，也有這樣一種現象，一個人被相交多年卻很少見面的朋友所欺騙。這種情況一般是因為受害者還停留在多年前的訊息中，也就是對方多年前留給他的心理印象中，但是長時間不聯繫，目前對對方的近況也不甚了解，所以你也就無法猜測到對方的改變，這樣一來，也就使得自己憑藉久遠的心理印象，對其產生信任，而容易使得自己受到欺騙。

此外，高明的說謊者善於抓住人們心理的普便規律，懂得運用「附和式」謊言。所謂的「附和式」謊言，就是人們透過附和對方的意見，來博取對方的信任。FBI 指出，很多犯罪分子，都喜歡運用人們的這一心理，透過附和他人的意見，贏得受害者的信任，展開詐騙活動。並且，有時候人們的認知範疇

是廣泛的，比如，當你認為一個人是熱心人時，可能你會對他所在的群體也產生好感，但毋庸置疑的是，即使比爾·蓋茲樂善好施，注重慈善事業，但這也並不代表他所處的群體，也就是他身邊的人，也會喜歡慈善事業。

其實，很多看似密不透風的謊言，往往也摻雜了很多公眾心理的因素。也就是說，有的人之所以上當，是因為受到外界因素的影響，即人們所說的「隨大流」。對此，FBI 指出，很少有人能夠保持獨立性而不跟隨大眾，比如，警方在對一些受害者做筆錄時，會問道：「這種騙局很普遍，當時您怎麼會產生購買的念頭呢？」而受害者往往會說：「我看到很多人都買了，所以就跟著買了，誰會想到這原來是一場騙局呢？」事實上，人們跟隨潮流的現象，在社會上是非常普遍的，而人們無非是抱著這樣的想法：「他們也都這麼做了，難道別人都是傻瓜嗎？」當然，也有一些人是抱著「惡劣」的心理：「大家都買了，如果受騙的話，反正又不止我一個。」

而事實證明，往往參與的人越多，受騙的人也就越多——大部分詐騙團夥，都喜歡利用人們的這一「群體心理」，進行詐騙活動。

欺騙源於貪婪，貪婪是人類的本性，騙子因為貪婪而產生謊言，而上當的人同樣也會因為貪婪而上當。比如，一個東方人到西方國家旅遊，看到一個標價為三百美元的藝術品，店主宣稱：「這件東西的價值遠遠不止三百美元，是一位有名的大師製作的。」這位來自東方國家的旅客聽後怦然心動，在經過一番討價還價之後，以兩百美元的價格購得。對於這樣的結果

旅客非常滿意——一百美元的差價，讓他覺得自己撿到了便宜。而店主同樣非常高興，因為他把價值只有二十美元的東西，賣到了兩百美元，賺了一百八十美元。由此，人們可以得知的是，雖然這看似是一起正常且合法的交易，但當你了解內幕之後，你更願意相信這是一種欺騙。

在旅客受騙的這一過程中，店主在對話中，除了抓住他愛撿便宜的心理之外，還運用了誇大事實的謊言。對此，FBI 研究犯罪分子行為的專家得出一個結論：愛說謊話、大話，是人類的天性，因為人類語言的特殊，造就了人類語言的複雜性。據統計，每個人平均每天至少會說二十次謊話。對此，FBI 犯罪心理學家費爾德曼說：「每個人都可以透過身邊的人，進行實驗測試。比如，你問一個朋友『你說不說謊？』對方肯定會回答你『我從不說謊，即使說了，也會是善意的謊言』。但如果你足夠細心的話，你會發現真相往往是以醜惡的面貌現身。」

也就是說，說謊是人的一種天性，這是不可磨滅的事實。當然，大多數時候，是沒有人願意主動承認自己說謊的。在大多數情況下，欺騙並不是人們所想的那樣帶有攻擊和傷害性，而真正帶有傷害和攻擊性的謊言，通常是某些人的道德淪陷的結果。每個人都有這樣的親身經歷，小時候父母或老師給你所講的那些童話故事，等到你成年之後，就會發現那些所謂美好的童話都是用善意的謊言編造的。

用這樣一種方式解釋謊言，並非是為謊言修飾，也並非是為謊言辯解，而是將謊言擺在一種冷靜、理智的角度，展示在

你的面前，讓你能正確看清謊言存在的意義，並最終能識破那些看似精密的謊言。對此，FBI 一位資深警員曾戲言：「在識破謊言方面，需要用冷靜、理智的思維去看待它。套用東方人的一句話，就是知己知彼，才能百戰不殆。」其實，人與人之間的謊言是交際的需要，因為，很多時候人們並不想說謊，但是實話太難聽，讓人難以接受，因此，雖然善於交際的聰明的人明白說謊話很累，但是他們更明白的是，說實話只會讓自己更累。

FBI 透過研究發現，在人際交往的過程中，謊言能造成修飾語言和調節氣氛的作用。一位資深的 FBI 探員用一個有趣的方式形象的說明了這一點：當一個人說「我喜歡聽實話」的時候，他本身就是在說謊。因為，他喜歡聽的並非是實話而是好話，實話往往會讓人們不得不面對殘酷的現實。比如，在交際中你認識一個身材魁梧、長相原始化的人，你對對方直言說：「你真醜，長得像個大猩猩！」如果對方是一位脾氣較好的紳士，那麼你可能非常幸運，對方只是會要求你閉嘴；而如果你遇到的是一個脾氣暴躁，非常野蠻的人，那麼你可能要在醫院度過一晚了。要知道，這絕對不是在開玩笑，這關係到一個人的自尊和面子問題。

所以，FBI 指出，那些整天告訴別人自己喜歡聽真話的人，其實本身就是一種謊言。如果你所說的話符合了對方的要求，那麼你所說的也就是「實話」了；而如果你所說的話，並沒有符合對方的心理需求，那麼你所說的話也就是「謊言」了。也就是說，謊言有時候是跟隨人們的心理需求而定的，在

日常生活中，很多人說謊，也並不是全無道德可言的，說謊的實質性還是要取決於人們所面對的環境和場合，也就是從實際情況出發，為謊言定性。在現實生活中，人們都喜歡說一些無傷大雅的謊言，那對人並不產生實質性的傷害。

而在審訊案犯或嫌疑犯的過程中，FBI 警員也經常需要面對謊言，而他們面對謊言時需要更多的理智和冷靜，需要對嫌疑人的謊言做有效的分析，並作出判斷，這樣才能找到對案件有利的線索。此時，警員通常會以邏輯思維分析幾個問題，比如，「罪犯為什麼要說謊？」「他說謊的動機是什麼？」……了解了這些問題的關鍵後，才能幫助他們破解那些看似無懈可擊的謊言。正是因為 FBI 警員經常反思問題，才能以強大的思維邏輯，破解一件件大案。

FBI 如何跳出慣性思維，運用強大的邏輯思維模式破案

在一堂 FBI 的培訓課上，教官問學員們：「有人喜歡養鳥嗎？」雖然學員們對教官的問話，感到莫名其妙，但大部分學員紛紛表示，沒有閒情逸致養鳥。教官接著說：「如果有一個鳥籠，即使不喜歡養鳥，你們也會去買一隻鳥的。」一位學員不認同教官的看法，並表示自己即使有了鳥籠也不會養鳥的。教官笑著說：「年輕人，別太早下結論。」於是，教官給了那些不喜歡養鳥的學員每人一個鳥籠。而令人感到驚奇的是，一個月以後，那些拿了鳥籠的學員幾乎都買了一隻鳥，並將其放進了鳥籠裡。或許，你會感覺非常驚訝，明明是不喜歡養鳥的，卻為何在拿到鳥籠之後，開始養鳥了呢？這其實是受到邏輯性因素影響所致。

對此，FBI 的教官用一個故事形象的說明了這一切：一個孤寡老人，沒有妻兒，非常孤獨，他的心理學家朋友，給了他一個建議：「我的朋友，這樣你會悶壞的，所以，你應該養一隻小狗。」

然而，這位老人並不以為然，他說：「那些只知道汪汪叫的動物，多麼麻煩，我才不要做那種打擾自己清靜的傻事。」

朋友聽了老人的話後，笑著說：「我想如果你有一個狗窩，那麼你就會做這種傻事。」

　　老人本身也是一個從來不服輸的人，他認為朋友的話是無稽之談，他才不相信自己會因為一個狗窩而改變初衷。於是，他收下了朋友給的狗窩之後，對朋友說：「即使我擁有了狗窩，我也不會養那些令人討厭的小動物的。」

　　但是，令人意想不到的是，一個月之後，老人的狗窩裡多了一隻可愛的金毛犬。

　　原來，老人在家裡放了一個狗窩之後，每次家裡有客人來，看到空空的狗窩，都會問上一句：「你也養狗？什麼品種的？」當客人發現家裡根本沒有狗的時候，又會說道：「你的狗死了嗎？怎麼死的？」……諸如此類關於狗的問題，而無論老人如何解釋，別人都會覺得奇怪，既然不養狗，為什麼要放一個狗窩在家裡呢？於是，在別人置疑的壓力之下，老人只好買了一隻金毛犬。

　　FBI 教官講完這個故事之後，那些不喜歡養鳥，但拿了鳥籠之後養鳥的學員紛紛表示，自己也有類似的親身經歷。根據這一事情進展的過程，FBI 教官總結出一個邏輯命題。在命題中，FBI 教官指出，在絕大多數情況下，人們採用的思維是慣性思維，也就是說，人們日常生活中對世界、社會、生活，以及身邊事物的認知。雖然這種慣性思維能幫助人們處理日常生活或工作中出現的問題，但同樣也會給人們的思維模式套上枷鎖。比如，學員們完全可以把鳥籠當作一個裝飾品，而故事中的老人，也完全可以養一隻貓。FBI 還指出，很多詐騙犯正是利用人們的這種慣性思維進行詐騙的，而很多受害者往往被謊言矇蔽還渾然不知。

單身的羅傑因長夜漫漫無聊，來到酒吧消遣。他注意到，吧台處坐著一名漂亮的金髮女郎，只見她口中嚼著口香糖，臉上畫著濃厚的煙燻妝，穿著十分暴露性感。這不禁讓單身的羅傑想入非非，於是，他認為這金髮女郎的職業並不光彩，就靠近她而坐，對其不懷好意的揩油。就在羅傑享受美女在側時，一名身材魁梧的大漢冒了出來，他拿起一個喝完的空瓶子，就朝羅傑砸了過去，幸好羅傑看到事情不妙，及時跳開，否則後果不堪設想。

　　羅傑憤怒大吼：「你想讓我叫警察嗎？」

　　而金髮女郎慌張跑到魁梧的大漢的身前，喊了一聲「親愛的」。大漢以更加憤怒的語氣說：「如果你叫來警察，這是我樂見的，你剛剛對我的妻子動手動腳，即使我現在把你打倒在地，被拘留的仍然會是你。」這讓羅傑啞口無言，無論是誰先動手的，大漢的指控都是事實。最終，在酒吧管理人員的調節之下，羅傑只好自掏腰包，賠償了酒吧被砸壞的東西，並且支付給金髮女郎一筆費用，為自己不尊重別人的行為買單。

　　一個禮拜之後，當羅傑第二次來到酒吧的時候，剛好看到警方正在帶走那天晚上那對和他發生不快的夫妻。而透過了解，羅傑才知道，原來兩人是詐騙犯，他們利用人們不願意惹麻煩的心理，設計年輕男子對漂亮女人產生興趣，然後讓藏匿在一旁的壯漢出來詐騙。如果年輕男子和羅傑一樣，想用錢息事寧人，那樣再好不過；而如果有些男子不甘心，拒絕支付賠償金額，那麼就會被其他詐騙同夥痛打一頓，最終，還是會在武力的威懾下，以錢來消災。

　　FBI指出，在整個事件中，羅傑之所以會相信騙子的謊言，正是受到了慣性邏輯思維的影響，這同時也是大部分人經常犯的錯誤。比如，男人們會下意識認為，在酒吧消遣的女人是可以隨便搭訕的，別人的目的可能也和自己一樣，是在尋找

排解寂寞的獵物，結果卻因為這種錯誤的思維方式，使得自己掉進了騙局中。而高明的騙子往往會有一套看似無懈可擊的說辭，用以矇蔽受害者，讓受害者認為他們索取精神損失費，是非常合理的要求。比如，故事中的大漢指控羅傑企圖對自己的妻子不軌，讓羅傑自知理虧，心甘情願為騙子的謊言買單。

或許有的人會認為，如果人們謹慎一些，說不定就能發現騙子的謊言，但類似的這種案件，FBI 已經處理過很多，其中也不乏一些謹慎的受害者：馬利克先生想用便宜的價格購入一條金項鍊，這天，他來到金飾店逛了良久，一位黑人男子走過來對他說：「先生，你要買金飾嗎？我有一條金鍊子要出售，如果你覺得價格合適的話，我們隨時可以交易。」馬利克先生馬上變得謹慎起來，他雖然不是金飾行家，但是他也不是那麼好騙的。

馬利克對黑人男子天花亂墜的言辭視而不見，他拿出自己隨身攜帶的放大鏡，運用所學的黃金知識，對金鍊子的商標、成色等進行檢查。此外，他還特地用硝酸銀鉛筆在金鍊子上劃了一下，做了基本的黃金測試，發現沒有什麼異常情況出現。毫無疑問，馬利克認為手中的金鍊子是真貨，在討價還價後，他就買了這條金鍊子。但是馬利克買了金鍊子後，仍然沒有放鬆懷疑之心，於是，他又再次檢驗，竟然發現金鍊子是假的。事實上，這條金鍊子只是上面一部分鍍了金。馬利克立刻報了案，不久之後，警方根據馬利克提供的線索，逮捕了那名兜售假金飾的黑人男子。

　　其實，在馬利克先生整個受騙的過程中，其中慣性的思維邏輯對其產生了一定的影響。在日常生活中，人們在購買東

西的時候,往往都會先檢驗,但是檢驗的只是一部分而已,當驗明一部分的「正身」之後,就會下意識認為「這件東西是真的」。通常人們會這樣想:「我已經檢驗了,相信這是真的了。」但事實總是比較殘酷,而高明的騙子也正是運用人們的這一慣性思維行騙的。對此,FBI 提醒人們,思維的強大在於可以跳出慣性思維。只有站在思維高處,才能看到自己思維模式中的弊端,因為慣性思維會讓人們失去警覺。

FBI 曾遇到過很多起搶劫案,其中最多的就是年輕婦女遭到歹徒的入室搶劫。最常見的案例就是:當丈夫上班或孩子上學出門的幾分鐘之後,家中的婦人聽到門鈴聲,以為是丈夫或孩子忘記帶東西,所以沒有看門鏡,就直接開門,結果,就使得歹徒乘虛而入,入室實施搶劫。對此,FBI 警官麥克指出,因為丈夫和孩子剛剛出門沒多久的緣故,一些年輕婦女往往會不假思考——慣性的邏輯思維讓她們認為,可能是剛出門的丈夫或孩子忘記了什麼東西,所以,她們就會忽略其他特殊情況,放棄確認門外的人到底是不是自己的丈夫或孩子,而直接打開門,結果這一心理卻被歹徒利用,從而遭遇搶劫。

因此,FBI 認為,人們不應該過多依靠慣性思維,應該多調整思維模式。當然,很多時候,人們是無法阻止自己的慣性思維的,因為慣性思維是人們在長期的生存環境中形成的。或許,當人們想知道一個人有沒有說謊的時候,會直視他的眼睛,但是事實告訴人們,即使你盯著對方的眼睛,他還是會說謊的,甚至高明的說謊者能做到不被別人察覺。所以,FBI 需要提醒你的是,不要被慣性思維左右,如果總是想當然認為一件事情應該如何發展,那麼就只會讓你無法客觀分析事物可能

存在的結果，以及無法預測事物發展的方向，而只有以強大的
邏輯思維跳出慣性思維，才能讓你走出謊言的迷霧。

心理暗示：擊破「美好謊言」的最有力工具

羅伯特·雷斯勒（Robert Ressler）上校，作為 FBI 行為科學調查組的創始人，前犯罪學專家，對犯罪者的犯罪心理有深入的研究。羅伯特·雷斯勒曾做過一個「美好謊言」的研究，他在獄中對一千多名說謊的案犯，進行了測試實驗，結果一千多名說謊的案犯，都在說謊的過程中，留下了「痕跡」。此外，他還在這些說謊的案犯身上發現了一個主要的特徵：案犯為了讓自己的謊言更令他人相信，通常會讓自己離謊言更遠一些，即案犯會盡量不使用第一人稱，把「我」在謊言中摒棄。其實，這種做法是一種心理暗示，暗示自己與謊言無關，讓別人產生「這個人不是騙子」的錯覺。

傑克被一通電話吵醒，他拿起電話發現是老同學後，才想起來今天有一個同學聚會。同學在電話中說：「傑克，已經十點了，其他同學都來了，你怎麼回事啊？」傑克把電話夾在脖子上，連忙起床穿衣，說道：「啊，今天女友出去時，沒有幫我定鬧鐘，現在正準備出門呢！」傑克掛了電話，趕緊刷牙洗臉，當他穿戴整齊正準備出門時，忽然感覺肚子一陣難受，於是趕緊跑進了洗手間。不一會兒，電話又響了起來，同學在電話裡說：「傑克，你到哪裡了？什麼時候能到？大家都等著你呢！」傑克說：「噢，快了快了，現在正在路上呢，今天外出的人真多，有點塞車，猜想要過一會兒才能到。」同學說：「兄弟，我打的是室內電話！」

雖然這只是一個笑話，但從這段對話中，你可以發現，人

們在說話的時候，往往會提示與自己無關的事物，並且會排除「我」這個人稱，而這樣的做法，就是為了增加謊言的暗示性和可靠性。因為，當人們撒謊的時候，潛意識裡會認為別人會揭穿自己的謊言，因此就會自動把「我」剔除。對此，FBI 研究犯罪心理的專家羅伯特・雷斯勒說：「人們在說謊的時候，即使表面掩飾得再淡定，但內心還是會出現緊張的情緒，而怕別人看出自己是在說謊，他們往往會採用心理暗示的方式，讓自己『跳出』謊言，有時會利用外界因素，為謊言增加可信度。」

很多人都應該看過涉及心理學方面的電影，在一些電影中有這樣的劇情：心理醫生拿著一個水晶吊墜或懷錶，在病人或嫌疑人眼前晃動，然後使他們進入催眠狀態，問他們一些他們想要隱藏在心底的祕密。這種帶有神祕色彩的催眠術，其實在心理學家看來，是一種帶有暗示性的神奇體驗，並非像電影中人們所看到的那樣神祕。其實，如果被催眠者意志力堅強的話，催眠師是無法完成這種帶有心理暗示的催眠活動的。也就是說，想要完成這項活動，必須是在對方抵禦能力低下的情況下進行，否則就無法順利完成。

事實上，在現實生活中，這種心理暗示是普遍存在的。可以說，人們在說謊的時候把「我」剔除，或引入外來因素作為謊言的潤色等，都是一種心理暗示。比如，當別人在你面前嘔吐時，你也會有反胃的衝動。當然，那些心智堅定的人，以及警惕性高的人是不會被這種心理暗示所影響的。根據 FBI 對說謊案犯的研究測試發現，當人們心情放鬆的時候，似乎更容易

受到他人心理暗示的影響，這說明謊言的威懾力跟人們的心理抵禦能力有著直接的關係，而當人們放鬆警惕心的時候，往往也是最容易相信謊言的時候。反過來講，只要人們有足夠的警惕心，就不會受到心理暗示的影響，也就不存在所謂的無懈可擊的謊言。

對於所謂的「完美謊言」，羅伯特指出，每個人看待事物都是有一定侷限性的，也就是說，每個人都不可能是完美的，所謂的主見不一定都正確，因此，會不可避免受到外界因素的影響，也不可避免受到外界因素的暗示。FBI 心理研究部曾做過這樣一個實驗：工作人員在十名試驗者面前放了兩杯水，並告訴他們這兩杯水其中一杯放了一點點糖，要求他們都品嚐一下，看能否喝出哪杯水裡面加了糖。結果，十名試驗者品嚐了兩杯水之後，其中有八名試驗者表示，兩杯水之中有一杯有一絲甜味，而其他兩名試驗者則表示，無法分辨哪杯水裡面有糖。

但其實兩杯水裡都沒有加糖。而八名試驗者之所以認為，其中一杯「有點甜」，是因為工作人員的暗示，讓他們做出了主觀的判斷，認為其中一杯水必定加了少許的糖。心理暗示本身就是非常奇妙的，它能不知不覺剝奪你基本的判斷能力，混淆你的思維邏輯，使你盲目相信別人，失去冷靜和應有的理智，甚至因為一些謊言而做出不符合常理的行為。從某種意義上來講，心理暗示也是一種漏洞。對此，FBI 指出，很多罪犯往往會利用心理暗示這一漏洞，編造出看似無懈可擊的「完美謊言」，施行犯罪活動。

在一次 FBI 警部學員培訓的課堂上，一名學員問羅伯特·雷斯勒上校：「請問上校，如何才能在巨大的心理壓力下，保持應有的理智？」

羅伯特·雷斯勒上校說：「這位學員，請你先等一下，我要把這個課題講完，才能回答你的問題。」說完，羅伯特·雷斯勒上校拿了一個鮮紅的蘋果，從學員身邊走過，邊走邊舉起手中的蘋果說：「你們看著我手中的蘋果，現在呼吸一下，嗅一嗅空氣中的香味。」

羅伯特·雷斯勒上校在學員中間轉了兩圈，然後，回到講台上，把蘋果放在課桌上，對台下的學員們說：「你們剛剛有誰聞到蘋果的清香了？」

這時，台下的一名學員舉起了手。而羅伯特·雷斯勒教授點頭示意了一下，又繼續問：「除了這名學員，還有誰聞到蘋果的美味了？」台下一片寂靜。

羅伯特·雷斯勒上校自言自語道：「看來效果不大，那麼我再來一遍吧。」於是，他拿起課桌上的蘋果，再次走下講台，這次他的速度明顯減慢了，似乎為了確保每個人都能聞到蘋果的味道，所以他慢悠悠從每一位學員的課桌前走過，邊走邊微笑著說：「請大家注意空氣的變化。」

等羅伯特·雷斯勒上校在台下走完一圈後，他再次回到講台前，拿起手中的蘋果晃了晃，問學員們：「現在，你們有誰聞到蘋果的香味了？」這時候，大多數的學員都舉手了。

羅伯特‧雷斯勒上校稍稍休息之後，又再次走下講台，並拿著手中的蘋果在每一位學員的跟前都停頓了一小會兒，以確保對方能夠聞到香味。接著，他又回到講台前，然後說：「現在聞到味道的人可以舉手了。」這時，除了一個學員之外，所有學員都舉起了手，而這名學員在看到同學都舉起手之後，也慌忙舉起了手。看到這名學員的這一舉動後，包括羅伯特‧雷斯勒上校在內，課堂上的人都笑了。

羅伯特‧雷斯勒上校，笑著問：「我站在你們身邊的時候，你們聞到了什麼味道？」

學員們異口同聲回答：「蘋果的味道。」

然而，羅伯特‧雷斯勒上校的舉動卻出乎所有學員的意料──他搖了搖頭，拿起蘋果，說：「這只是一個逼真的蘋果模型而已，它沒有任何味道。」此話一出，台下的全部學員頓時一片譁然。

羅伯特‧雷斯勒上校繼續說：「現在我可以回答在課題剛開始時，那位學員提出的問題了。對於一名優秀的 FBI 警探來說，要想在巨大的心理壓力之下保持理智，並不是多麼困難的事情，只要你能透過訓練課程達到自己的目標即可。而困難的是如何在平常輕鬆的生活中，保持你的理智。我在這裡需要提醒你們的是，以後在面對任何案件或突發狀況的時候，都要保持你們的警覺性，讓你們的思維邏輯一直運轉，並對你們所看見的每一個事物保持質疑。」

正如羅伯特‧雷斯勒上校所言，只要你時刻保持警惕性，

就可以盡量避免自己不被謊言所欺騙，不被不懷好意的人抓住心理鬆懈的漏洞，從而使自己避免遭受欺騙。當然，心理暗示本身並不帶有黑暗色彩，真正的問題在於不懷好意的人利用了這一心理戰術，對別人的心理操縱和攻擊。此外，有的人之所以上當受騙，很大一部分原因也是因為他們沒有防範心理，再加上消極的心理暗示會讓人們喪失警覺心，所以使得人們輕易就相信了騙子的謊言。

對此，FBI 指出，善於利用心理暗示可以干擾人們的邏輯思維，讓人們的思維模式變得混亂，降低人們的警覺性和積極思維的能力。然而，大部分時候，人們是無法阻止自己拒絕外界的心理暗示的。也就是說，除了提高警惕，透過日常的訓練讓自己更加理智以外，似乎沒有更好的方法避免自己上當受騙。但值得注意的是，只要你了解了心理暗示的基本模式，你就會對它產生一定的免疫力，這樣在面對謊言時，你也就擁有最起碼的理智了。所以，FBI 認為，心理暗示是人們的心理漏洞，同樣也是擊敗「美好謊言」的漏洞。

說謊者的消極情緒，讓 FBI 以快速的思維邏輯識別謊言

　　FBI 的資深心理學家費單·加祖里奇曾說過：「那些說謊的人，總是試圖用一些消極的情緒來掩蓋自己謊言中的破綻，因為消極的情緒會讓別人對說話者所說的話分散注意力。而說謊者最常見的一些消極情緒，就是擺出生氣或暴躁的樣子。」事實上，正如心理學家費單·加祖里奇分析的那樣，在現實生活中，總可以看到這樣的情景：孩子在撒謊之後，不肯承認自己撒謊的時候，總會擺出一副委屈的樣子，採取「眼淚攻勢」，以分散家長或老師的注意力。

　　當然，與孩童相比，成人的世界更加複雜，所以，人們也經常會看到，一些人說謊之後，往往會以憤怒或生氣的情緒來掩飾自己的謊言。因此，當你懷疑別人正在對你說謊時，如果對方一邊說話，一邊做出委屈或生氣的表情時，那麼你幾乎可以確定，對方正在對你說謊。FBI 警員曾接到過一些欺詐電車乘客錢財的案子：

　　在擁擠的電車上，一名年輕的白人男子，向乘客賣票收錢，並擺出一副不耐煩的表情，似乎如果有人敢多問，就會發怒一樣。但是，乘客給這名男子錢之後，卻沒有得到撕回來的車票，而當一名乘客付了錢，並向他索取車票的時候，年輕男子表示票已經撕完了，如果需要車票用以報銷的話，就到終點站補。當電車即將到達終點的時候，有一位人生閱歷比較深的老人終於忍不住，對這名收

錢的白人男子說：「你可以出示一下你的工作證件嗎？」然而，這名
男子笑了一下，然後，迅速下車揚長而去。

　　在整個詐騙過程中，人們自始至終都沒有對男子產生過懷
疑，而到了最後，人生閱歷比較深的老人才發現了一些端倪，
但為時已晚，這多少與人們的慣性思維有些聯繫。從騙子要求
車上的人買票時，人們就下意識認為「他是售票員」，這種慣
性思維在生活中是極為常見的。值得注意的是，騙子擺出一副
不耐煩的神色，對乘客形成了一種心理壓力，讓人產生了一種
「不敢多問」的心理，而這種心理對身邊的其他乘客也就產生
了影響，進而導致了大家都不敢張口的情況。

　　善於利用別人的心理和思維邏輯，對人們的思維邏輯造成
干擾，降低人們的警惕性，本身就是詐騙犯們成功作案的主要
原因之一。因此，FBI 認為，人們應該在日常生活中，多加強
自身的思維邏輯訓練。或許，有些人會認為，思維邏輯很難修
整或加強，因為，人們從小到大的認知，以及所學的知識，早
已在大腦中形成了一個固定的模式，雖然這能夠幫助人們更好
了解世界的模樣、社會的運作，但同時，也讓人們的思維模式
變得刻板起來。再加上，身邊事物或人物，都在人們心中不斷
劃下痕跡，就使得人們在大腦中形成了慣性的思維軌跡，讓人
們的思維變得不知變通。

　　對此，費單·加祖里奇指出，可以透過日常的訓練課程，
讓人們的思維得到一定的增進，而 FBI 也致力於增強探員們的
思維能力，開設了許多類似活躍探員思維的課程，旨在鍛鍊學
員以快速的邏輯思維制伏謊言。在判斷出嫌疑人說謊之後，

FBI 通常不急著拆穿謊言的外衣。比如,在上述案例中,如果老人直接拆穿「售票員」是個冒牌貨,那麼為了掩飾自己的騙子身分,騙子很可能會惱羞成怒,而老人也很可能會受到實質性的傷害。相信,這一定不是大部分人想要看到的結果。也就是說,當你了解到別人對你說謊後,那麼你需要學會如何穩定局勢,做到不「打草驚蛇」。

在 FBI 辦案的過程中,快速識別謊言只是制伏案犯或嫌疑人的第一步,而第二步則是不拆穿對方的謊言,做到將計就計,根據對方撒謊的動機,分析出對方作案的動機,快速破解棘手的案件。其實,FBI 警員在辦案的過程中,如審訊期間,嫌疑人或案犯對他們說謊了,那麼,FBI 筆錄員就會在做筆錄的過程中,寫下這樣幾個問題:「嫌疑人為什麼說謊?」「嫌疑人想用謊言掩飾什麼?」「嫌疑人真的參與到案件當中了嗎?」……因為,思路清晰的 FBI 警員深切明白一個道理:如果只是一味對嫌疑人暴跳如雷,採取威逼手段,這樣的結果就是,自己得到了發洩,但案情的真相卻被掩埋得更深了。正是因為 FBI 警員懂得這個道理,所以,他們才能冷靜面對說謊的嫌疑人,並與之理智交談。

其實,這也是 FBI 警員穩定嫌疑人心理的一種技巧。當嫌疑人在審訊室裡說謊的時候,心情本身就是緊張的,內心深處是怕被警員識破的,如果警員能夠裝作不知道嫌疑人說謊,不動聲色假裝自己「一無所知」,那麼嫌疑人就會將謊言繼續下去。在現實生活中也是如此,當你發現別人說謊的時候,你不要急著發火,而是將自己之前平穩的情緒維持下去,然後就

能從對方繼續編造的謊言中，看清謊言的目的和企圖。此外，你還可以在穩定對方的情緒之後，根據對方的謊言，編造自己的謊言，從而讓對方的思維跟隨自己的意願走，並能快速控制局勢。

對於 FBI 來說，不揭穿嫌疑人的謊言，只是為了穩定對手，而這僅僅是揭穿謊言的一個過程，緊接著，FBI 警員在將計就計的同時，還會設計一個陷阱給案犯，等他們自投羅網。其實，識別別人的謊言，或許並不難，但是想要將計就計，同樣以謊言相對，那就是一件非常困難的事情了。FBI 指出，當嫌疑犯在審訊的過程中，對警員說謊的時候，他們的警惕心往往是非常高的，如果在這個時候，警員附和得太過明顯，或設計的圈套不夠高明，那麼就會被嫌疑人察覺，而這樣一來，他們根本不會傻傻鑽進圈套裡。

所以，當嫌疑人說謊的時候，FBI 警員往往會做出心存置疑，但又慢慢相信對方的樣子。比如，FBI 警員在審訊的過程中，會對嫌疑人的言辭質疑：「你確定你所說的都是真的？」或「你如何讓警方相信你的解釋是真的？」然後，嫌疑人會說出各種理由，來圓自己的謊言，而此刻，FBI 警員會輕微點一下頭，說：「原來是這樣，看來你是無辜的。」如此一來，就能一點一點打消嫌疑人的警惕性，此時再運用縝密的思維邏輯布好局，一點點引誘嫌疑人走進圈套，從而成功將對方的謊言一舉擊潰，讓嫌疑人防不勝防，最終將自己的犯罪事實如實供出。

理清思路，揪住騙局的「小尾巴」

　　在日常生活中，任何一件看似完美無缺的事情，都有其缺口，騙局也是如此。雖然人們會用謊言掩蓋自己說謊的行徑，但再完美的騙局，也總會露出一小截「小尾巴」。而聯邦特工，往往會保持清醒的思維，以確保能準確揪住這些「小尾巴」。

　　FBI 指出，當一個人企圖掩飾某些祕密或不太光彩的事情，以及對別人造成傷害的事情時，心裡往往是緊張和虛弱的，他們會想方設法編造謊言，掩蓋事情的真相，試圖藏匿自己的犯罪事實。同樣的道理，在現實生活中，一個騙子無論如何偽裝自己，製造假象來迷惑你的判斷，只要你能理清思緒，細心觀察，就不難發現騙局中的蛛絲馬跡，因為對方在進行欺騙活動的時候，往往會表現出喜怒無常的負面情緒。

　　對此，費單·加祖里奇說：「很多時候，人們的常規習慣突然發生變化，通常是事出有因的。」比如，一個原本很少出去聚餐的人，在被警察懷疑與某件案子有關的時候，辯解說自己案發當天去參加了朋友的派對；一個對工作原本並不熱心的人，突然聲稱自己工作很忙，需要加班工作，並且需要到外地出差；一個原本每天都按時回家休息的孩子，突然對父母說，今晚不回家睡覺了……對 FBI 探員來講，這些不符合常理的行為或活動，都是極其重要的線索，因為習慣的改變會讓騙局露

出尾巴。值得注意的是，在習慣的改變中，活動頻繁增多也是一個重要的細節。

加州 FBI 警部接到一家銀行的報案，負責人稱四名歹徒帶著武器，搶劫了銀行，拿走了大量的現金。警方迅速趕到了現場，並對現場進行了勘察，但歹徒早已離開。FBI 跟隨目擊者提供的方向追捕，也沒有發現歹徒的蹤跡。與此同時，警方訊問了案發時在場的所有人，了解了銀行被搶劫的經過。

FBI 警員艾迪問銀行的兩名保全人員：「案發前，你們有沒有發現什麼可疑人物？」兩名保全都搖頭表示，沒有發現什麼可疑人物。

緊接著，艾迪又詢問了銀行監控室的工作人員：「當時，你有沒有在監控錄影裡，看到一些熟悉的面孔？」

監控人員說：「熟悉的面孔？哦，請讓我想一想。」監控人員露出一副思索的樣子，突然他拍著腦門，說道：「哦，我想起來，最近幾天七點四十分的時候，總會看到一個穿著深藍色夾克的人，等在門口取錢。」

艾迪問：「能詳細說一下經過嗎？你還記得他有什麼特徵嗎？」

監控人員說：「其實，我們是八點開門的，但是七點三十分的時候，我們就要提前過來。當時運鈔車還沒有來，很多人等在門口，這種情況非常常見，有的人因為需要辦理業務，所以會提前在門口等候。」

根據艾迪發現的這一情況，FBI 調出了最近幾天的監控，並看到了那名在案發前幾天來辦理業務的男子。然後，利用高科技的臉部組合技術，在有犯罪前科的案犯中找到了匹配對方臉部特徵的人。FBI 迅速出動，當警方突然破門而入的時候，四名歹徒正在一個偏僻的小屋子裡分贓。

在這一案例中，FBI 警探之所以詢問工作人員「有沒有看
到臉熟的人」，是因為 FBI 知道，當案犯想要開始某些活動的

時候，往往會勘察作案地點，也就是所謂的「踩點」。所以，當 FBI 接到一些搶劫銀行或店鋪的案件時，通常會注意那些在案發前經常出現在作案地點的可疑人物，而事實證明，這樣的推斷和猜測，結果通常是非常樂觀的。

其實，在現實生活中，這種頻率增加的行為非常常見，但絕對是事出有因的。比如，當一個不喜歡出入交際場合的人，突然間頻繁出入社交場合，那麼他的目的可能是想透過這種頻繁的出現，認識某個或某些對他有利的人物。在 FBI 接觸到的案件中，有一些綁架富商孩子的情況也是如此。綁匪往往會在目標上學或放學的路上停留，以及在目標學校門口逗留，這樣的情況會持續到目標被綁。對此，FBI 警探從來不會被犯罪案件攪亂思緒，在面對此類案件或其他更為棘手的案件時，他們總能保持清醒的頭腦，理清思緒。從實際案件的角度出發，分析作案者採取的犯罪技巧，及犯罪心理。如此一來，就能輕易地揪住騙局中的尾巴，將事情的真相扯出來。而在現實生活中，人們也應該學習 FBI 辦案的敏銳，凡事做到冷靜、理性，盡量讓自己的思維清晰，這樣才能不被事物的表面所迷惑，讓自己走進騙局的圈套。

FBI 如何讓「無邏輯犯罪」變得有章可循

　　美國聯邦調查局原司法部長、高級特工創始人查爾斯·約瑟夫·波拿巴表示：「任何一起犯罪案件，都有一定的動機，都不可能在無邏輯的模式下進行。也就是說，所有犯罪活動都是有章可循的。」其實，邏輯本身是人們在直覺頓悟的基礎上，對事物客觀的認知。非邏輯思維與邏輯思維是相對的，它就是指在沒有得到充分理由的基礎上，就盲目得出思維結論，這主要是在心理負面狀態的基礎上引發的猜想。所謂的「無邏輯犯罪」，就是從客觀角度上分析，兇犯和受害人在沒有直接的接觸，以及直接恩怨的情況下，兇犯卻殺害或傷害了受害者。也就是說，「無邏輯犯罪」是指不在正常邏輯範圍內引發的犯罪案件。

　　FBI 罪犯行為研究系統認為，每個人的行為系統構造都是非常複雜的，行為中存在著很多「不確定」，這也不排除外界「不確定」因素的影響所致。因為，人們要有效應對這種「不確定」的挑戰，這也使得人們有時候會在非邏輯的情況下，做出一些毫無邏輯可言的行為。對此，FBI 指出，一切犯罪活動，都源於思維邏輯的影響，而影響思維邏輯的因素，最主要的是外界對人們心理產生的影響。只要抓住了這個「因素」，那麼一切無邏輯的行為，都能找到正常規律的痕跡。

　　一名普通的無業職員，射殺了一名政府的高層工作人員，當場

被警察逮捕。但是，這名兇犯與被害人根本沒有任何直接或間接的接觸，並且兩人的親屬也沒有任何來往，由此而言，兇犯完全沒有槍殺受害者的動機。因此，苦尋線索無果的警察開始向 FBI 警探求助。FBI 警探在對兇犯審訊的過程中，兇犯一直沉默以對。雖然審訊他時他什麼話都不說，但是當他在審訊中聽到受害者的名字時，他的臉上就會出現一種咬牙切齒、憤怒難當的表情。可是，無論 FBI 警探如何循循善誘，他都一聲不吭。

在審訊室中耗費了十幾個小時之後，兇犯雖然早已表現出一副疲憊的樣子，但他還是不回答任何問題，因此，FBI 警探也無法得知他的犯罪動機。在這種情況下，FBI 警探將審訊過程中錄製的影像，拿給 FBI 犯罪心理學的研究部分析。經過心理學家對這名兇犯的分析，他們認為這名兇犯的憤怒表情，與他射殺受害人有著密切的關係，或許是發生了某件令兇犯沮喪的事情，讓其非常失落，進而使其產生了非邏輯作案的念頭。

根據這一訊息，FBI 警探分析了兇犯和受害人的資料。種種跡象表明，兇犯是一個普通的底層職員，至今無業，而受害者則是一名政府工作者，兩人八竿子打不著。正常情況下，兩人要麼在金錢上有關係，要麼在工作上有牽扯，但是，調查中得知兩人並無金錢往來，那麼唯一的可能就是工作關係了。

於是，FBI 警探迅速出擊，對該名兇犯的工作背景以及與工作相關的一切事件進行了調查。調查結果發現，這名兇犯原本是一家銀行的小職員，但是由於工作上的失誤，因而受到了離職處罰。失業之後，他一直沒有找到一份穩定的工作，迫於巨大的生活壓力，他不得不向政府救濟系統發出求助申請，希望政府能安排一份合適的工作給自己，以讓自己擺脫生活的壓力。但是，政府高層工作者卻一直對兇犯的請求推諉，並將兇犯的請求交給了一個身處閒職的政府工作者，也就是案例中的被害人。兇犯在得到多次的敷衍答覆之

後，情緒已經達到在生活的壓力之下瀕臨爆發的邊緣，而 FBI 心理學家分析，這名兇犯在得到多次同樣的結果之後，就把滿腔的怒火歸咎在了受害者身上，所以他在受害者工作的辦公地點附近，等到受害者出現時，就拿起準備好的手槍，將其槍殺了。

當 FBI 警探將了解到的情況對兇犯陳述的時候，兇犯的情緒明顯變得異常激動。在聽到 FBI 警員說：「你殺害對方的動機，是因為對方沒有給你安排適合的工作……」時，兇犯猛然站起來，不停揮舞手上的手銬，嘴裡大聲喊著：「那些該死的政府走狗們，只知道自己過著優哉的日子，卻不管我們這些失業人的痛苦，我這都是被他們逼的！我也不想殺人的……」兇犯又頹然坐下，雙手捂臉。FBI 警探們交換了一下眼神，知道這件案子已經基本結束。而引發案件的原因被公布之後，政府內部也做了相應的調整，以避免類似案件的再次發生。

在面對以上案件時，FBI 警員並不相信表面所展現的「無邏輯犯罪」，他們認為，所有的犯罪活動都是有一定原因或動機的。因此，即使兇犯與被害人之間表面上看似根本無恩怨過節，但 FBI 認為，兇犯非邏輯的行為卻是有章可循的。要知道，人們一切的念頭都是來自思維邏輯，任何一個舉動、行動都是由此產生的。或許，一些特殊的案件，給人的感覺是沒有邏輯性可言的，但是只要有犯罪的行為，就不免有引起罪犯產生犯罪行為的邏輯原因。所以，FBI 總能運用強大的邏輯思維，做大膽的猜測並分析判斷，找出作案人的犯罪動機和規律。

正如 FBI 特工領袖查爾斯‧約瑟夫‧波拿巴所說的那樣：「沒有大膽的猜測，就沒有重大的發現。」其實，FBI 所經手的

案子，通常都是比較棘手的──普通警部無法解決的疑難案件都會遞交給 FBI 警部。也就是說，FBI 警探們要比一般的警察頭腦思維更加靈活，邏輯性更強，這與 FBI 內部的犯罪邏輯培訓是分不開的。由於很多案件本身就是突然性的，因此，FBI 的所有辦案行動也都是突然性的。可以說，非邏輯思維貫穿於 FBI 的每一個決策之中。

一般而言，FBI 擁有的破案時間和線索越是充足，破獲案件的準確率也就越高。但是，在實際處理案件的過程中，很少有充足的時間和線索，而有時不僅是案犯的犯罪動機是無邏輯的，FBI 警探們的辦案手段或技巧也同樣是無邏輯可言的。通常，在面臨棘手的案件時，FBI 警探往往會在時間、線索、資料不夠充分的情況下，果斷做出決策，並付諸行動。尤其是在緊急的情況下，FBI 指揮部是不需要陳述理由而直接行動的，這就是 FBI「非邏輯」的典型運作模式。

第四章

打擊對手的心理防線——
CIA 奪其鋒芒的心理戰術

在對峙的過程中，任何一方都想避開對方優勢的地方，也就是避開對方的鋒芒，而選擇對方較弱的方面攻擊，讓其處於被動、劣勢地位，而自己一方則變被動為主動，最終取得勝利。而這其中的關鍵點就是：在對方鋒芒畢露的時候，學會主動出擊，乘虛而入。

CIA 一直把主動出擊作為奪其鋒芒的最重要方法。在他們看來，雙方交鋒中，如果能運用優勢在心理交戰中占據上風，就能讓對方俯首認輸。但 CIA 提醒人們，要不斷學習奪其鋒芒的技巧，因為這些技巧確實能在重創對手心理防線的同時，看清對手的心理變化。

仁慈攻擊：有效突破對方心理防線的文明戰術

　　CIA 在大多數人眼中都是十分威嚴的，他們通常給人一種冷傲的感覺，而那些與 CIA 打過交道的人都會被他們的另外一種魅力所吸引，那就是他們骨子裡表現出來的謙讓與低調。可以說，正是在這種氣場的影響下，CIA 贏得了越來越多的朋友。

　　在現實生活中有這樣一種人，他們雖然在容貌或語言表達方面沒有特別突出之處，但他們卻能贏得更多的朋友。「要知道，我的能力比他還略勝幾分，可為什麼他能擁有如此多的朋友呢？」一些人經常這樣抱怨著，在他們看來，容貌好、工作能力強就能擁有更多的朋友。其實不然，擁有更多的朋友不一定需要依靠容貌、才能等，而是在於一個人是否能帶給朋友安全感和快樂。相信大多數人都希望自己能得到別人的關愛，同時也希望自身的價值能得以體現。而 CIA 認為，要想擁有朋友首先要學習關愛朋友，要像愛自己一樣去關愛朋友，而且為朋友多付出，這樣才能得到朋友同樣的關愛。

　　「我與別人交往的過程中也關愛過對方，可為何不能和他們成為朋友呢？」一些人也許會提出這樣的疑問。在 CIA 看來，關愛對方只是增進雙方感情的一個因素，還有一個不容忽視的因素就是能否放低姿態，讓對方暢所欲言。「讓對方暢所欲言」指的是，在與別人談話的過程中，善於讓對方傾情相

訴，且不隨便打斷他的談話。隨意打斷別人的談話不僅是不禮貌的行為，還會影響到對方的談話情緒。而 CIA 曾經把隨意打斷別人談話比喻成「妨礙交談的殺手」。打斷別人講話雖然是按照自己的思維意識自然而然表達出來的，可對於被打斷的人而言，就是一個大問題。因為對方的談話被你打斷後，需要重新整理頭緒，這無疑要花費一定的精力，顯然，這是很多人不情願的。

一些人正是因為不懂得這個道理，所以總是在別人談話的過程中打斷別人的講話，或者突然向別人發問，搶他人的話頭，不讓對方繼續表達自己的觀點，甚至強迫別人按照自己的思維定式去講話。要知道，隨意打斷別人的談話不僅分散了講話者的注意力，還使講話者的思路混亂，從而使講話者心生厭惡。因此，CIA 告誡人們，不要隨意打斷別人正在進行的談話，那樣做的風險非常大，而最明智的做法就是要放低姿態，耐心聽完對方的講話後再發言。

「如果你想要得到仇人，就將自身的優越性展現給對方看吧！如果你想贏得朋友，那就需要放低姿態讓對方表現出優越性。」對此，CIA 深有體會。

CIA 曾經做過這樣一個測試：兩名探員到同一地區去銷售電器，看誰能將電器銷售出去。第一名探員這樣抱怨：「這個地區的農場主根本就不買電器，能想的辦法都想過了，可還是沒有將電器銷售出去。」而第二名探員聽完這些話後並沒有喪失銷售電器的信心，而是嘗試著敲了一下農場主的家門。可是，等了很久，門都沒有開。於是，探員繼續敲門，此時門開了一條小縫。可是，當裡面的人看出

是銷售電器的人以後，砰的一聲就把門關上了。雖然如此，但是第二名探員並沒有氣餒，隔了一會兒，他又開始敲門，門裡傳來了農場主抱怨的聲音：「每天都有推銷電器的人找上門，真是煩透了！」

「瑪利亞女士，非常抱歉，打擾到您了，但我不是來向您推銷電器的，我只是想買您農場裡的水果而已。」這時，農場主把門開大了一點，用懷疑的眼神注視著他。

這名探員繼續說道：「聽說您農場裡的水果非常新鮮，我想買一些回去。」此時的門又開大了一點，農場主問道：「你怎麼知道我農場裡的水果新鮮？」

「很多人都向我提起過您的農場，說您種植的水果是無公害的，這一點很多農場主都做不到。」聽完這些話後，農場主的臉上立即露出了笑容。此時，這名探員對農場快速環視了一下，環視中他發現不遠處有一座裝修不錯的馬棚，於是他對農場主說道：「我敢打賭，這座馬棚帶給您的收益要遠遠高於您種植水果的收益，您說對嗎？」農場主顯然高興極了。她興奮的告訴他，馬棚中養的馬都是去參加馬術比賽的，參加一次比賽獲得的收益就要比種植水果高出好幾倍。在接下來的交談中，這名探員謙虛的向農場主請教餵養馬匹的知識，並耐心聽她的講解。他能明顯感受到農場主發自內心的興奮，因為自己給了她暢所欲言的機會。

「雖然餵養馬匹可以賺到很多錢，但是，必須要定時對地們餵養，這是令我最頭疼的問題。你能幫我想想有什麼好方法解決嗎？」這名探員意識到向農場主推銷電器的機會來了，於是他便對農場主說道：「瑪利亞女士，我非常願意幫助您。解決您的這個難題最可行的辦法就是安裝一台自動餵養機，您可以設置需要餵養的時間，而這樣一來，就能為您騰出時間去做其他的事情了。」於是，一個星期後，農場主的馬棚中便安裝了一台自動餵養機。此時，農場主臉上的笑容變得更多了。而值得一提的是，透過這次交往，農場主與這

名探員還成為了好朋友。

「放低姿態就是要用謙虛的心態與別人交往，而讓對方暢所欲言就是要善於做個聆聽者，這樣才能有效打開對方的心理防線。」這是 CIA 總結出的心得體會。其實，除了放低姿態之外，還可以為對方提供他們想要的東西。

「天下攘攘，皆為利往。」這句話說的就是大多數人都會為了自身的利益去決定是否要與某一個人交往，而越是對他們有價值的人，也就越容易與之成為朋友。也就是說，是利益的推動才讓他們成為朋友的。同樣，兩個人也會因為利益而關係破裂，各自去尋找那些能為自身帶來利益的人。由此而言，利益是驅動雙方之間往來的動力。因此，為了贏得朋友的支持，就必須要為別人提供他們想要的利益和價值——這才是贏得別人支持的基本要素。

為了向人們進一步說明為他人提供利益而贏得別人支持的重要性，CIA 講了這樣一個寓言故事。

猴子家族從一個森林遷到另外一個森林中，雖然初到森林中的猴子對這一切都感到很陌生，但牠們卻能憑藉矯健的身姿爬到高處摘果子吃，而別的動物卻往往要花費很大的力氣才能夠爬到樹上。猴子心想：「我何不幫助其他動物爬到高處找果子呢？」於是，猴子每天都會將果子分給其他動物們。久而久之，很多動物都認為猴子不錯，於是便和牠成了朋友。有一天，猴子要建造一所大房子，可牠卻苦於沒有木材，而正當牠為此一籌莫展時，動物們決定幫猴子解決這個問題。在「森林

之王」老虎的指揮下，狐狸、小白兔負責設計房屋的結構圖；大象、野豬負責打好房屋的地基；長頸鹿負責將木材運到高處；百靈鳥、小松鼠負責對房屋進行巡查；而老虎、獅子則是建造房屋的負責人。透過動物們的齊心協力，猴子的房屋不到一個月便建成了，於是猴子家族便住進了結實的木屋中。顯然，這就是朋友的力量發揮出的作用。試想，如果猴子沒有為其他動物摘果實而贏得動物們的好評，動物們還會幫猴子齊心建造木屋嗎？

這個寓言就是要告訴人們，如果想要贏得朋友，並得到他們的支持，就必須要為他們提供一定的價值。而只有提供了價值給對方，對方才有可能與你繼續交往下去。這樣反覆交往幾次後，雙方的關係才能得到進一步提升，同時也會更加牢靠。然而，最為關鍵的是，自己能從別人那裡得到比自己付出還要多的價值。那麼，人們該如何為他人提供有用的價值呢？

（1）深入了解對方所需要的東西

CIA 認為，為他人提供有用的價值你就必須要知道對方想要什麼，這就需要你深入去了解對方的需求。比如，透過觀察得知，對方可能對古玩字畫愛不釋手，此時可以將話題轉移到這一方面，這樣一來，對方就會認為和你比較有共同語言，從而也願意與你交往。當然，這只是第一步，在接下來的時間裡，可以為這個人提供一些鑑別古玩字畫方面的技巧，當這個人掌握了相關知識後，便會將其看成是有價值的東西，自然也就與你增進了友誼。

(2) 努力幫助對方獲取他想要的東西

當得知一個自己熟悉的人想要某樣東西後，就要努力幫助他得到這樣東西。即使自身沒有能力幫他得到，也要為他提供好的建議，以便讓他藉助其他力量實現自己的夢想。

安娜是一個音樂愛好者，她最大的願望就是想要擁有一架鋼琴，可高昂的價格不是一般人能承受的。在這種情況下，她的朋友莉莉也沒有如此多的錢去買鋼琴給她，不過，她卻對安娜這樣說：「雖然我的資金尚不足以支持你，但我有個讓你獲得鋼琴的好方法。這個方法就是，你可以到美國華盛頓去參加鋼琴比賽，比賽優勝者不僅可以獲得一架價值五萬美元的鋼琴，還可以得到五萬美元的現金獎勵。」之後，安娜真的去了華盛頓參加鋼琴比賽，並以優異的成績獲得了一等獎，擁有了一架鋼琴。雖然莉莉沒有在金錢上幫助到安娜，但透過為其指點迷津的方式間接讓安娜得到了她想要的東西。而得到幫助的人定會對給其指點迷津的人非常感激，由此也就對對方產生了深厚的友誼。

(3) 讓對方感覺到你幫助他的態度

很多時候，人們在乎的可能不是別人到底能不能幫到自己，而是別人是否真正在幫助自己，也就是態度問題。試想，當別人看到一個很不情願的人在幫助自己時心裡會是什麼滋味？不用說，這種滋味肯定是不好受的。因此，CIA 認為，要幫助別人得到他們想要的東西時，不要滿腹牢騷，而是要真誠幫助別人，並讓別人被這種真誠的態度所感動，這樣才能攻破對方的心理防線，贏得友誼。

多年來，CIA 在行事中一直都是保持著謙和低調的態度，

他們對身邊的每一個人都是彬彬有禮，而這樣的態度不僅能夠使他人放下心中的戒備，也能贏得他人的好感。就這樣，CIA憑藉著自己謙和低調的態度，採用文明的手段，即仁慈攻擊，在不知不覺中就輕鬆攻破了對方的心理防線，獲得了自己想要的訊息。

先發制人：攻擊心理防線最有效的戰術

「先發制人，是攻擊對方心理防線最有效的戰術。」這是 CIA 非常推崇的一句話，這句話表面上是告訴人們要主動出擊，其實背後還有另一層意思，就是把主動出擊作為一種攻擊對方的心理防線的有效方法。CIA 經過多年的實戰，總結出先下手取得勝利的機率要比後下手大得多，同時，先下手攻擊對方的心理防線，還能讓對方聞風而逃。

但事實上，並不是每一次的先下手都能取得好的結果的。CIA 認為，把這種主動攻擊對方的心理戰術做到運用自如不是一件容易的事情，也不是一天兩天就能學會的，需要掌握一定的技巧，並且透過實戰不斷積累經驗才能得到最佳的效果。CIA 從多年的實戰中總結出了以下幾點經驗。

（1）在對方還沒有察覺前首先出擊

其實在歷史中，很多的戰爭都是透過攻其不備這樣的方式而取勝的。在現代社會中，在與對手交鋒時同樣也可以運用這樣的方法。比如，新職員進入一個團隊之後，可能會在一定程度上受到老員工的刁難與排擠。老員工可能會一直欺壓新員工，讓他們幫助自己做事情。一般這種情況下，新員工都會按照老員工的要求來做事，如果新員工沒有按照他們的意願做事，老員工就會變得很生氣；如果新員工能讀懂老員工的心

理，主動幫助他們做事情，不僅能贏得老員工的歡心，還能很快適應新的環境，最重要的是這樣能讓自己處於主動地位。同樣，在與對手交鋒時，如果你在對方還沒有準備好的時候就展開攻擊，對方一定會被打得措手不及，完全亂了陣腳。

CIA 對一名涉嫌恐怖襲擊的阿拉伯人展開了通緝。這名阿拉伯恐怖分子在美國製造了大量的恐怖事件，不僅造成了大量的人員傷亡，還讓這些地區的旅遊業陷入了停頓的狀態中。鑒於這些原因，CIA 決定全國通緝這名恐怖分子。

但是讓 CIA 頭痛的是，這名恐怖分子有很多的替身，這讓他總是能躲避 CIA 的追捕。有一天，CIA 收到消息說這名恐怖分子已經潛逃到了巴基斯坦境內，於是 CIA 特工也祕密潛進了巴基斯坦。

到了巴基斯坦，CIA 特工就與當時潛在巴基斯坦的臥底失去了聯繫。特工認為，這名臥底很有可能已經遭遇了不測，但是正在特工擔憂臥底的安全時，卻傳來了一個讓人興奮的消息：已經確定恐怖分子就躲在巴基斯坦南部的一個別墅內。在得到這個有價值的消息之後，CIA 馬上趕往恐怖分子的藏身之處，準備將其抓捕。但是到了之後他們卻發現，這個別墅的周圍高牆林立，並且還在多處裝有監控設備，外面有任何風吹草動都可能引起別墅內恐怖分子的警覺。因此，為了不打草驚蛇，CIA 決定先派一名經驗豐富的人化裝成阿拉伯醫生混進別墅探聽情況。

一名 CIA 特工化裝完畢之後來到了別墅的大門口，敲門之後，裡面傳來一個低沉而警惕的聲音問：「你找誰？」「我是負責這個地區民眾健康的醫生，特意來為您檢查身體。」

讓人沒有想到的是，恐怖分子竟然沒有懷疑他的身分，很快就把他引進了屋子裡。進去之後，CIA 馬上就認出了這個人正是他們

正在通緝的恐怖分子。為了穩住恐怖分子，特工繼續扮演醫生的角色，他大聲問恐怖分子：「請問您有哪裡不舒服嗎？」

可能是因為接連多天的逃難生活很辛苦，恐怖分子顯得很疲憊，他對特工說：「我全身都不舒服，先幫我做個全身檢查吧。」為了讓抓捕工作進行得順利，特工假裝用設備幫助恐怖分子檢查身體。在檢查的過程中，特工用眼角餘光觀察了恐怖分子，他發現恐怖分子完全沒有懷疑他的身分，也沒有任何的防備，而是閉著眼睛接受檢查。特工馬上意識到這是抓捕的最佳時機，因此他毫不遲疑用閃電般的速度把手銬戴在了恐怖分子的手上。

顯然，恐怖分子沒有任何的心理準備，而當他感覺事情不對，睜開眼的時候已經不能反抗，然後大批的 CIA 進入別墅，沒有耗費任何資源，輕鬆就抓住了恐怖分子。

(2) 藉助身體語言預知對方的心理

在很多人看來，洞察別人的心思似乎是不可能的事情，但是 CIA 不僅可以洞察對方的心理，還能針對對方的心理制定有效的攻心策略。在很多人眼中，這樣的能力不是一般人能有的，但是每一個 CIA 都具備這樣的能力。其實，具備這樣的能力也很簡單，就是從對方的言行舉止、身體變化中讀出對方的心理。比如，人們都知道眼睛是心靈的窗戶，從一個人的眼中我們可以看出他是不是在說謊。而 CIA 就很擅長從眼睛中讀出對方的心理。

CIA 認為，一個人可以在語言上說謊，但是他在說謊時，各種身體語言都會有所反應，尤其是眼睛。比如，人們在受到重大打擊的時候，會被這樣的事情驚得不知所措，不管是心理素質多麼好的人，他表面上有多麼鎮定，他的眼睛都會產生變

化，他的瞳孔也會放大很多，並且會反覆收縮。

不僅如此，CIA 也能透過對方的面部表情提前知道他的心理變化。在 CIA 看來，一個人的面部表情可以說明一切。CIA 從實戰中得知，面部表情是最敏感的，它比其他任何部位的表達都要豐富、準確。不管是有什麼樣的差異，面部表情都能讓對方理解你的意思。也就是說，面部表情是一種全球通用的語言。它沒有地域限制，沒有種族限制，是一種最為有效的交流方式。此外，CIA 還認為，手是身體最靈巧的部位，當人們在受到刺激的時候，手就會做出相應的動作。

透過這些肢體語言，CIA 能清楚知道對方的心理，從而及時做出應對措施，先發制人，讓對方主動承認自己的犯罪事實。因此，在 CIA 看來，先發制人是雙方交鋒時取勝的關鍵因素。

避其鋒芒，攻其軟肋──心理戰術中的經典

　　在和別人交鋒的時候，一定要注意抓住對方的軟肋，這樣才能夠在心理上占據優勢地位，向對方發出致命的一擊。CIA認為，人們可以透過各種手段幫助自己取得壓倒性優勢。在CIA看來，這不是一件多麼困難的事情，需要做的就是找準敵方的命脈，給對方致命的一擊就可以了。

　　在 CIA 的檔案中，有這樣一個案例：

　　一個叫做斯蒂文森的中年男子被帶入了審訊間，他是農場的一名主任，被傳訊的原因是他的鄰居在昨天夜裡被殺害。看過斯蒂文森的資料之後，CIA 對這個五年內二十次出入監獄的慣犯產生了懷疑，於是他們對斯蒂文森的盤問也就多了一些。當時，負責調查取證的是CIA探員傑爾，他首先問了斯蒂文森在案發時間的地理位置，結果對方只用一個回答就把警方所有的問題都回答了。

　　「對不起，我什麼也不知道，我現在患有失眠症，每天臨睡前都要服下一片安眠藥才能入睡。」斯蒂文森表現得很痛心，他接著說：「我現在很後悔，如果不是我睡得太熟，或許在夜裡醒過來，傑森一家就不會被害了。」

　　「你是什麼時候服下安眠藥的？」

　　「晚上八點半左右。」

　　隨後，傑爾又仔細將斯蒂文森的安眠藥訊息記錄了下來，根據安眠藥的藥效，它能保證斯蒂文森在整個案發時間都保持熟睡。

「最近一段時間裡，你感覺到有什麼異樣嗎？」

「一切如常，警官，我真的什麼也不知道。」

第一次調查就這樣結束了，斯蒂文森很快就被放出去了。由於罪犯作案手法高明，警方在現場根本就沒有找到任何有價值的訊息，而受害人住宅的附近也只有斯蒂文森一家人。儘管斯蒂文森的嫌疑很大，但由於沒有這方面的證據警方也不能起訴他。

　　沒過多久，事情有了轉機，傑森太太的同事向警方提供了這樣一條訊息：「案發前一天傑森太太的情緒很不穩定，她與自己的鄰居發生過很激烈的爭吵。」

　　這個訊息對於斯蒂文森來說非常不利，因為受害人一家周圍只有他。也就是說，在案發前一天，斯蒂文森和傑森太太發生過激烈的爭吵，因此他有殺人的動機。更重要的是，在第一次審訊的時候，斯蒂文森沒有提到過這一點，他隱瞞了這個消息，這馬上引起了警方的懷疑。

　　隨後，傑爾第二次審訊斯蒂文森，而且一同參與審訊的還有已經離休的 CIA 特工詹克森。傑爾又將此前的問題重複了一遍，而斯蒂文森也沒有給出什麼新答案來。無奈的傑爾望瞭望詹克森，經驗豐富的詹克森披掛上陣了：「在服用安眠藥之前，你做過些什麼？」

　　「吃飯、洗澡，然後就是吃安眠藥，接下來上床睡覺。」

　　「你的邏輯太清楚了。」

　　斯蒂文森問了一句：「失眠和思維沒有關係吧？」

　　詹克森說：「不，我不是指你的思維，而是說你的回答就像是預先設想過的一樣，簡潔、明快，非常有力。」

　　「對不起，我不懂你的意思。」斯蒂文森將頭轉向傑爾說。詹克森馬上對斯蒂文森說：「對不起，我向你道歉，先生。現在開始進入正題吧，你回到家吃完飯，然後是洗漱，最後是吃安眠藥、睡覺，然後一覺就睡到天亮了，是這樣的嗎？」

「對！」斯蒂文森不耐煩的回答了一句。

「對了，你家裡養的那隻小狗呢？我覺得牠會吵醒你吧！狗這種東西是最機靈的了，只要有一點點的風吹草動就會讓牠『汪汪』大叫的。」

「是啊，那是一隻流浪狗，不知道為什麼牠要賴在我家不走。這些天牠總是一直叫，讓我睡不好。」斯蒂文森說。

「給牠也吃點安眠藥吧，你試過嗎？」

說到餵安眠藥給狗，斯蒂文森隨即露出了一絲得意的神情，他說：「我每天睡覺前都要揍牠一頓，但這只能讓牠稍稍安靜一會兒，然後我再起來，拌一盆食物給牠，把安眠藥摻在裡面，然後牠就不再叫了。」

「這可真不是一條好狗，牠那天晚上也叫了嗎？」

「對的，誰遇到牠都會瘋的。我還是一個講道理的人，如果遇到其他人，多半會加大藥量把牠毒死……但是，那天晚上我只讓牠吃了半顆安眠藥！」

最後這一句話對斯蒂文森非常不利，因為牠證明了他那天晚上根本就是清醒的。也就是說，一開始他就在對警察撒謊！對此，CIA 認定斯蒂文森就是兇手！同時，根據斯蒂文森虐狗、餵狗吃安眠藥、幻想把小狗毒死這些反常的舉動，CIA 認為，他是一個患有精神分裂症的人！一般情況下，精神病患者都會非常敏感，尤其是對他們患有精神疾病這樣的事情。

隨後，傑爾對他說：「你一開始說自己睡著了，根本就沒有醒來過，現在又承認自己被狗吵醒，餵了牠安眠藥！現在說實話吧，你就是一個患有嚴重精神疾病的人，你和傑森太太在白天大吵了一架，然後晚上又被狗狂吠不止，擾得心神迷亂，然後就出門殺死了

傑森一家，對不對？」

斯蒂文森一聽到精神疾病這幾個字，馬上就陷入了癲狂狀態，就像傑爾所想的，他對這些字敏感至極。在隨後的一段時間裡，斯蒂文森開始說出一些與事情無關的話語。接著，傑爾問他：「在第一次接受警方審訊的時候，你刻意隱瞞了自己曾經和傑森太太發生過爭吵的事實，你為什麼要這樣做？」

很顯然，這就是一個非常好的突破口。傑爾透過這一點輕而易舉就控制了對方的心理，在心理交鋒中取得了壓倒性優勢。不久之後，斯蒂文森冷靜了下來，他正視了自己犯下的罪行，交代了自己是怎樣在狗吠當中失去理智，敲開鄰居的家門，將其一家全部殺死的過程。

關於斯蒂文森的案子，CIA 表示：「從這個人的作案手法來看，他是一個非常狡猾的人，能夠透過各種手段來欺騙警察。如果不是 CIA 擊中了他的軟肋，他是很難被擊敗的。」

因此，在與對手交涉的時候，如何找到對方的軟肋就成了 CIA 研究的重點。前紐約市警察局局長威廉·約瑟夫·布拉頓，針對尋找對手的心理薄弱點做過一個簡單的總結。

首先，在面對頑固分子的時候，假如我們不能一眼就看出對方的軟肋，那麼就需要延長雙方的交流時間。事實證明，言多必失，正是傑爾的不斷提問，才引導斯蒂文森說漏了嘴的。

事實上，在接受審訊前，犯罪分子會在自己的大腦中將自己有可能遇到的問題模擬一番。諸如案發時間自己身在何處、如何提供自己不在場的證據這樣的「慣例」都是他們提前設想的重頭戲，所以重複提問這些問題實際上意義不大。如果有

人願意和犯罪分子串供的話，那麼這種調查還會誤導警方。所以，對於一些嫌疑比較大的人員，CIA 往往會對他提出多項疑問，這樣做不光是為了從形體動作上分析這個人作案的可能性，同時還有可能讓這個人進入疲勞、麻痺狀態，而這樣一來，警方就有可能在不經意之間得到重要的訊息了。

其次，命脈就是可以讓對方產生震動的事物，在交流過程當中一定要做好察言觀色。布拉頓曾說過：「如果知道什麼事情可以讓這個人陷入癲狂，那麼分析他臉上的每一個表情就是必不可少的一個步驟。很多時候，其實我們已經將正確答案說出來了，但卻由於沒有發現它，結果依然為零。」

最後，布拉頓警長認為，不同的人擁有的弱點是不同的，這就需要人們透過大量的經驗積累才能分析出一個人的弱點。對於這一點，布拉頓表示：「按照我的經驗，我們可以將人群劃分為兩類，一類是高調外露的，另一類是沉默寡言的。心理學家認為，一個人越是炫耀什麼，他內心當中就越缺少什麼。而把握好了這一點，尋找對方的軟肋，也就容易得多了。」

歐巴馬創造了美國政治歷史上最精彩的一場逆轉案例，二〇〇八年，他與希拉蕊的競選之戰其實就是運用了避其鋒芒、攻其軟肋的方法。美國《華盛頓郵報》總結說：「在處於劣勢的情況下，歐巴馬把重點放在贏得每一名具體代表的支持，而不是選區，是他能逆轉局面的重點。」

競選開始的時候，希拉蕊因為在民主黨中影響力很大，因此被視為當時總統的最佳人選，甚至有人猜測可能在最初的幾個州預選中就提前讓其他對手出局。歐巴馬的競選助理戴維・普洛夫對於當

時的競選情況曾經說過這樣的話：「在一切勢頭都傾向於希拉蕊的時候，我們必須要想辦法干擾她。」

預選第一州愛荷華州以黨團會議的形式舉行選舉，而由於歐巴馬認識到了基層助選的重要性，所以他利用這一點，在這次競選中挫敗了希拉蕊。此後，希拉蕊在新罕布夏州的預選中贏了一次。

在二月五日的預選中，歐巴馬面臨巨大的挑戰。當時最壞的情況就是，在加利福尼亞州、紐約等大州，希拉蕊的票數比歐巴馬高一百多票，即使最好的情況也是歐巴馬與希拉蕊打成平手。

希拉蕊的助手之前曾經宣稱在小州取勝很難在競選中有大的優勢。也就是說，他們其實並不重視小州中的優勢。因此，經過深思熟慮，歐巴馬決定放棄希拉蕊已經完全掌控的大州，決定專攻希拉蕊忽略的小州。事實證明，歐巴馬是正確的，他憑藉自己在小州中積攢的代表名額，很快就把希拉蕊的優勢都壓了下去。在密西西比、佛蒙特等幾個小州中，歐巴馬贏得了一百一十八個代表的支持，遠遠超過了當時才五十七個名額的希拉蕊。歐巴馬用這樣的方式接連贏了十場預選，在通往最後勝利的途中，歐巴馬在最後一關遇到阻礙——希拉蕊在賓夕法尼亞州取得勝利之後，所有的民意調查都顯示歐巴馬在接下來的幾個州都會遭遇失敗，而這些失敗很可能直接把勝利推向希拉蕊。意識到這些後，歐巴馬開始避開這些可能失敗的州，他的助手認為，如果知道失敗還迎頭而上，就會給希拉蕊更多的動力，那麼最終的勝利者也許就不會是歐巴馬。

就是憑藉著這種「避其鋒芒、攻其軟肋」的策略，歐巴馬讓希拉蕊一步步走向失敗，最終讓一百多名代表一邊倒傾向於自己，並取得最終的勝利。

當對手鋒芒畢露的時候，要學會乘虛而入

　　二〇〇一年，美國打敗了阿富汗軍隊後，在沒有經過聯合國允許的情況下，於二〇〇三年以「反恐」的名義，把戰場打到了伊拉克。美國這次發動戰爭的目的就是推翻薩達姆的政權。

　　據悉，當時美國的計劃是，從科威特攻擊伊拉克的東邊，南邊從沙烏地阿拉伯進行攻擊，西邊是約旦，北面是土耳其。但是，計劃趕不上變化，這四個國家，除了科威特之外，其他幾個國家都不願意因此與伊拉克結仇，所以拒絕美國從他們的土地越過邊境攻打伊拉克。美國經過遊說，也只是說服了約旦——約旦同意讓美國使用他們的機場與領空。與此同時，伊拉克的總統薩達姆也不會坐以待斃，他看出了這種對美國不利的局面，認為美軍的軍隊對伊拉克的攻擊主要在東方，也就是美國只能利用科威特來進攻伊拉克。因此，伊拉克的主要軍隊都放在了東方，用來阻擋美軍的進攻，這雖然成功擋住了東方的進攻，但是這也導致了其他區域的放手空虛。

　　其實，這是美國的一種戰術，即在戰爭爆發的時候，美國用聲東擊西的方法全力進攻伊拉克的東面，把伊拉克幾乎所有的軍隊都吸引到了東方。這時候，美軍乘著伊拉克西部的防禦鬆散，軍隊力量薄弱，然後利用約旦的機場，派出很多的空降兵突然襲擊了伊拉克的機場。而伊拉克在疏於防守的情況下，

很快落敗。美軍占領機場之後，以此為基地，開始攻打伊拉克的西部，逐漸占領伊拉克的大片地區。很快，美軍就向伊拉克首都巴格達進攻。而由於伊拉克受到了美軍的雙面夾擊，所以不得不退到了巴格達的周圍。最後，美軍利用武器優勢、空中優勢，把伊拉克軍隊圍殲在了巴格達周圍。

　　美國就是利用乘虛而入的方法，讓薩達姆防不勝防的。其實，這樣的方法在心理學上也得到了證實。CIA 心理學家曾經做過這樣的一個實驗：他在情人節即將到來的前一個月找了兩對戀人，他們擁有相似的生活背景與戀愛經歷。心理學家要求第一組男士在情人節前的每一個週末都送上一朵玫瑰花給自己的女朋友，而第二組的男士只是在情人節的那天晚上送上一朵玫瑰花給自己的女朋友。然後，心理學家觀察雙方女朋友的反應。

　　結果顯示，第一組的女孩因為經常收到鮮花，所以在情人節那天收到鮮花的時候顯得很平靜，沒有表現出滿意，只是對自己的男朋友抱怨：「你看別的女孩收到的鮮花多漂亮。」第一組的男孩聽到之後，顯得很沮喪；而第二組的女孩因為不經常收到鮮花，所以在情人節收到鮮花的時候顯得很興奮，她高興抱住自己的男朋友，對他說：「好漂亮的花，我覺得我好幸福，謝謝你，親愛的。」

　　可以說，在日常生活中這種現象隨處可見。比如，很多男人在看到別人家的妻子怎樣賢惠的時候，總是會說：「看別人家的老婆多好。」從 CIA 心理學家做的這個實驗來看，兩組中送花的男孩都是刺激的給予者，但是結果表明，一樣的刺激

卻引發了不一樣的結果,而原因就在於給予刺激的時機與頻率不同。從這一點來看,在戀愛中,與其一直保持送花的習慣,不如在關鍵時刻,比如情人節、生日等這樣的時候送上一束鮮花,造成的效果更好。

第一次世界大戰之後,由於德國統治者威廉成為眾矢之的,在人們心中成了無惡不作的大壞人,很多人都對他恨之入骨,甚至連德國人都提議把他抓起來,在所有人面前活活燒死他來抵消他的罪惡。為了保全自己,威廉不得不計劃逃離自己生長的國家,準備逃往荷蘭。就在這個時候,一個小男孩寫給威廉的信被送到了威廉的手上。

小男孩在信中表達了自己對威廉的喜愛和尊敬,並且鼓勵威廉勇敢站起來,繼續做皇帝。這個小男孩說:「你是我心目中永遠的英雄,我只想你一個人做皇帝。」威廉看過這封信之後很是感動,於是他想方設法找到了寫這封信的小男孩,然後認識了這個小男孩的母親,之後還與小男孩的母親結了婚。

其實,威廉之所以會被一封信感動,是因為當時他正處於心理脆弱時期。從心理學上說,當一個人處於心理脆弱期的時候,如果有人在這時給予他幫助,就會像雪中送炭一樣,感覺特別溫暖。所以,現實生活中很多人在追求自己喜歡的女孩時都喜歡用這樣的方法,而說得通俗一點,這就是乘虛而入。

實際上,不僅是普通人,CIA 在處理關於毒品、幫會案件的時候也總會遇到這樣的情況:犯罪嫌疑人總是害怕自己的家人被自己的組織傷害,所以不願意說出犯罪事實,或者是只是交代一部分犯罪事實。這時候,CIA 往往不會直接逼迫對方就範,而是先調查他的家庭背景,在清楚了對方的家庭情況之

後，再對其進行誘導，使其說出犯罪的實情。比如，可以告訴他：「如果你說出實情，我們可以保護你家人的安全。」

CIA 的辦案經歷告訴我們，案件中的很多當事人其實並不在乎自己的性命，他們在乎的往往是家人會不會受到自己的牽連。這時候，如果辦案人員能抓住這一點，為他們解除後顧之憂，他們往往就會說出 CIA 們想要知道的真實訊息。

CIA抓捕罪犯的奇招 ——發展線人，蒐集情報

　　無論是在正規的情報工作裡，還是在日常生活中的情報工作裡，有很多訊息和情報是人們無法透過某些方式直接獲得的，這就致使人們不可避免需要利用這樣或那樣的工具，並透過能夠接觸到所需情報的人來代替你完成蒐集任務，這樣對於自身工作的完成不僅更加方便快捷，同時也避免了自己身分的暴露，保護了自身的安全。而這種透過非正式場合進行情報工作的人被人們稱為「線人」。

　　在美國的法律中，對線人是有明確界定的。他們可以是社會各個階層、各個領域的人，雖然平日裡他們展現出的是不同的面目，而實際上他們私底下卻是為聯邦當局服務的。在美國，幾乎每三個人中就有一個人是線人。可以說，美國的這種法律制度極大發展出了一大批服務於聯邦政府的平民。很多時候，CIA 就是以這樣的形式「維護」自身的安全，蒐集情報，抓捕罪犯的。強大的線人系統彷彿一張巨大的網路，蔓延到社會的四面八方，讓隱藏在黑暗角落的罪犯無處遁形。其實，不只是情報部門，美國政府的許多其他的重要部門，如司法部門、軍隊等在很大的程度上都需要依靠線人來提供線索，甚至一些知名媒體的旗下也擁有一大批為他們提供新聞資料的線人。可見，線人在美國所造成的作用是巨大的。

　　對 CIA 而言，跟線人的私密關係決定著線人為其提供線

索的多少以及效果的大小，因此 CIA 非常注重發展自己的線人，培養自己和手下線人的關係。而如何發展跟線人的關係，抓捕罪犯，美國 CIA 也有自己的一套拿手的方法。

雖然對線人的操控相對於 CIA 的工作安全係數來講是最高的，但是難度係數卻是最大的，也是最為複雜的。如果不能夠掌握其中的一些專業的方法和技巧，不僅得不到自己所需的情報，還會讓自己的線人處於危險之中。

CIA 在發展線人之時首先考慮的一點就是，哪些人是具有價值的，他們具有多大的價值。沒有價值的人不在 CIA 發展成自己線人的考慮範圍之內，只有掌握了有價值的訊息、擁有可以利用的資源的人，才能夠真正為 CIA 所用，並且值得 CIA 投入大量的資源將其發展到自己的線人隊伍中。因此，CIA 發展線人時非常注意發展對象的身分、工作，以及工作的職責，並且會考慮到發展對象的人際關係。因為這些因素都影響著線人為 CIA 提供情報，決定著對方提供的訊息的價值。比如，CIA 可以依靠線人們的人際關係來工作。

在 CIA 的情報工作中，最常用的發展線人的方法通常有四種類型。

（1）以金錢收買

以金錢收買的方式是 CIA 最常用也是最普遍的一種發展線人的方式。這種方法在日常生活中有關情報方面的工作中有一定的實用性。對於部分因為欠債或者經濟條件並不寬裕、行為不甚檢點的發展對象，CIA 只要出得起足夠讓對方心動的金

錢就可以收買到。但是，這種方式並不適用於所有對象，這時
CIA 就需要用金錢之外的一些東西來吸引發展對象，或者以對
發展對象極具誘惑力的事物作為收買條件，並與其達成某些協
議，幫對方解決一些難以解決的事，都可以很好說服他們成為
自己的線人。在跟對方談金錢數額的時候通常不能超過你所能
承受範圍的百分之五十，如果對方提出的數額過高，也不要立
刻拒絕，可以用婉轉迴旋的方法與對方溝通。

（2）思想上拉攏

在思想上拉攏是 CIA 發展線人的又一種方式。早在冷戰
時期，美國、蘇聯就曾經透過這樣的方式控制和發展了大量的
線人。類似於一種「我跟你最要好，你得把這件事情告訴我」
的親密關係，以感情作為籌碼來獲取自己想要得到的情報。這
種方式的施行一般是在對方不會太知情的情況下發生的，而且
這也可以使用在那些不願意為 CIA 工作的發展對象身上。

在實際生活中，與人交往並希望建立一種良好的人際關係
不是一件簡單的事，它也需要遵循一定的規律。首先要充分掌
握發展對象的資料，保證對對方有足夠的了解，然後創造一個
跟對方「偶然」相識的機會，以某種方式與之建立友誼，頻繁
接觸。比如，如果發展對象有釣魚的習慣，就可以利用這個機
會創造與之深入接觸的條件，讓對方對你產生好感。而在獲取
對方的信任之後，你就可以在適當的時間表示出你需要對方幫
助的意願，然後利用對方開展自己的工作。

（3）威脅訛詐

威脅訛詐是 CIA 發展線人的工作中非常重要的一種方式，並且造成的作用也往往都是立竿見影的。這是因為，在這種方式中，CIA 能夠占據絕對有利的地位，在爭取線人時掌握了充分的主動權，讓對方在沒有任何選擇的前提之下成為自己的線人。透過威脅訛詐發展線人需要掌握的一個關鍵就是，了解一個能夠脅迫發展對象的事件。一般情況下，脅迫對方服從的條件是掌握了對方不想被別人知道的一些極為私密或者見不得光的事，或者也可以在發展對象身上虛構一個事件，而這個事件也不能為旁人所知，以此來脅迫對方屈服。但是，有時脅迫會不可避免地觸及法律的底線，因此脅迫訛詐對方成為自己線人的方式在生活中並不實用。

（4）滿足對方的虛榮心

　　滿足對方的虛榮心來發展其成為線人的方式類似於套取，這就需要 CIA 具有一定的社交能力，成功地把對方套住。比如，面對一些專家或者在某方面取得一定成就的發展對象時，CIA 可以創造機會與之相處，並對對方專業學術上的成就進行讚美和恭維，或者對發展對象的某些言論表示讚賞，表現出崇拜和支持的姿態，滿足對方的虛榮心，讓對方放鬆警惕，然後透過進一步的讚美和恭維，讓發展對象寫一些文章或言論來發表，並為其提供獎賞，引導對方將文章的內容或主題聯繫到自己想要掌握的情報當中去。而對方在整個過程中甚至還不知道自己已經為你提供了極有價值的訊息，即在不知不覺中成為了你的「線人」。

　　可以說，成功發展線人並能夠為自己所用是 CIA 破案成

功的一個很重要的原因。

在堪薩斯，曾經發生了轟動一時的一系列殺人案件。而案件的唯一一位女疑犯亨德森被稱為是全美最危險的女人，她僅僅二十四歲，卻身負六起命案。而亨德森的落網也彰顯出了美國 CIA 的能力，但是事實上，CIA 追捕亨德森成功的原因就在於他們善於使用線人。

在 CIA 追捕兇犯的過程中，一個線人告訴 CIA，堪薩斯警局曾經抓捕過亨德森的一位朋友，雖然當時亨德森也在被捕的行列中，但是她當時用的是一個假名，因此得以矇混過關，獲得了釋放。在得知了這一條線索之後，CIA 立刻組織警方追捕到亨德森的朋友，然後對他拷問，最後成功抓捕了亨德森。

可以說，CIA 每一次破獲案件幾乎都少不了線人的暗中幫助。

二○○五年三月，CIA 曾經成功破獲了一起重大的武器走私案。而 CIA 在這一案件上成功致勝的祕訣就是依靠線人。這個線人是一名爆破專家。當時，曾經有人主動找到這名爆破專家，聲稱自己有門路獲取蘇聯軍火，希望透過爆破專家找到合適的買家。爆破專家在得知訊息後，立刻和 CIA 聯繫，然後經過 CIA 的安排，這名爆破專家扮演了一名軍火商人，並聲稱自己和基地組織有密切的聯繫，想要購買這批軍火之後轉賣給恐怖分子。為了盡快破獲這起案件，CIA 跟隨爆破專家假扮的軍火商先來到亞美尼亞等地區，並且在電話上安裝了竊聽裝置，監聽他們每次的談話。而為了獲取對方的高度信任，CIA 的這名線人還在對方手中購買了幾件武器。在長達一年多的接觸當中，CIA 掌握了對方大量的犯罪證據和訊息，終於等到了機會，分別在紐約、洛杉磯、邁阿密逮捕了十八名涉嫌參與軍火走私買賣的嫌疑犯。無疑，這位線人假扮的軍火商人對這起軍火走私案的破獲造成了至關重要的作用。

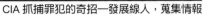
　　可見，線人是 CIA 在進行案件偵破時，獲取情報線索的
重要來源之一。由此而言，CIA 只有協調好自己和線人之間的
關係，並運用相應的技巧，將其為自己所用，才能夠成功抓捕
罪犯，破獲案件。

讀心博弈
FBI 和 CIA 的心理攻防技巧

第五章
辨別內心的行為訊號──
FBI 察言觀色的心理戰術

在 FBI 看來，要想在與犯罪嫌疑人的心理戰中取勝，辨別對方的內心訊號是不可忽視的一步。對此，FBI 從鍛鍊探員察言觀色的能力入手，試圖透過犯罪嫌疑人的表情，讀出對方內心的真實感受。當然，FBI 知道，並不是所有的表面訊號都是真實的——人是高級的動物，懂得掩飾自己的真實情緒，會有意識做出一些虛假表情來迷惑別人。不過，FBI 認為，即使再完美的掩飾，也總會有其漏洞。比如，人們的表情發生變化的時候，一些微反應總能洩漏自己內心的真實訊息。所以，FBI 認為，世界上沒有毫無破綻的謊言，只要掌握一定的技巧和線索，就能發現「謊言」的身影，而這關鍵在於你是否懂得察言觀色，以及對他人的說話和行為方式有一定的了解。

解讀行為舉止：FBI 識破人心的 「獨門暗器」

　　美國聯邦調查局的警官斯蒂芬・嘉緯修斯科說：「沒有任何一個罪犯，會主動將自己的犯罪經過具實以告，他們的行為舉止，往往比他們嘴巴裡吐出的話更加可信，更能展示犯罪者的真實個性。」在日常生活中，人們往往會透過別人所說的話與事實的符合程度，去判斷其有沒有說謊，但是這個判斷過程往往是非常漫長的。這樣一來，就會讓你失去主動性，甚至會帶來不必要的麻煩。比如，當你在談判桌上和談判對手洽談的時候，相信了對方的話，答應與之合作，而當你知道對方只是在欺騙你的時候，你可能已經遭受了一定的經濟損失。如果在開始談判的時候，你就從對方的行為舉止中發現了對方說謊的訊息，那麼你就可以避免讓自己遭受損失。

　　FBI 提醒人們，想要判斷一個人是否對你坦誠，除了分析對方話語裡隱藏的含義之外，還應該對與對方的非語言交流多加觀察。要知道，一個人的行為舉止，往往是由內心控制的，它能夠反映出一個人真正的心理狀態、意圖、情緒以及個性等。可現實生活中，大部分人都只知道注意別人的言語，卻總是忽略對對方行為舉止的觀察。對 FBI 來說，罪犯或嫌疑人的任何一個舉動都是有一定原因的，所以，FBI 警探在審訊以及訊問的過程中，往往會把自己的目光放開，最大限度觀察罪犯或嫌疑人的各種行為舉動，以從他們的這些動作中獲得有價值

的線索。

亞利桑那州FBI警部經手的一起強姦案，就很好說明了觀察嫌疑人行為舉止的重要性：一起強姦案的嫌疑人被抓來審訊，該名嫌疑人本身是一名法律顧問，對法律知識了解透徹，因此，其供詞也十分具有說服力，而他編造的故事也非常符合常理。在審訊的過程中，嫌疑人反覆聲明：「我從未見過受害人，我一直沿著一排棉花地前行，大約走了十分鐘的時間，往右轉我就直接回到了自己的家門口。」一名警員迅速做著筆錄，把供詞詳細記錄下來，而另一名警員則仔細觀察著嫌疑人的一舉一動。

警員在審訊的過程中發現，當嫌疑人說到自己右轉之後就直接回到了自己的家門口時，他卻打了一個完全相反的手勢，即向左的手勢。警員又問了一些問題，然後裝作隨意提問的樣子問道：「那麼，你有過前科嗎？你是左撇子嗎？你的方向感怎麼樣？」嫌疑人回答：「我的檔案，你們肯定都已經看過，那裡空白得像個雪場；噢，我不是左撇子，很多朋友都可以證明；至於方向感，還不錯，最起碼我知道左右在哪裡。」

警員再次問道：「或許，你是對的，但我們想再聽你描述一下，案發當天你回家的經過。」嫌疑人又再次描述了一下自己回家的經過，並且在說到自己「右轉之後，我就直接回到了家門口」時，又做了一個左轉的手勢。於是，警員將審訊錄影拿給了FBI犯罪心理研究部，而經過分析，研究部人員指出，嫌疑人在說謊的時候，做了一個典型的說謊舉動。這讓警員立刻明白，嫌疑人是在撒謊，於是警員再次對嫌疑人進行了細緻的審訊和調查。最終，在強大的壓力之下，嫌疑人對自己的犯罪行為供認不諱。

從整個案件來看，儘管嫌疑人所有的言辭都合情合理，但他的行為舉止還是出賣了他。而FBI透過他的行為舉止上洩漏

的訊息,讀懂了他的「心」,找到了破解案件的突破口。由此可見,人們的肢體語言,往往比人們嘴巴裡說出的話更加誠實,也更令人信服。在日常生活中,人們透過語言溝通來交流訊息,只是人際交往的一部分,而另一部分則是透過行為語言來完成的。很顯然,在人們的溝通活動中,非語言的行為交流也是傳遞訊息的一種方式,並且是不可忽視的方式。FBI 警探從來不會忽略罪犯或嫌疑人的各種行為動作,因為他們清楚知道,罪犯或嫌疑人一個看似不經意的舉動很可能就是破案的關鍵。

人們的身體所表達的話語雖然是無聲的,但卻比有聲的語言更加鮮明準確,所以是不可忽略的。在人與人之間的溝通中,如果你想了解對方的真實個性和對方言辭裡的真實含義,那麼你就要懂得察言觀色,以便及時解讀對方行為舉止中所透漏的訊息,因為,人們的肢體行為往往比語言更加誠實。在社會交際中也是如此,雖然別人對你說的話無比動聽,但是有時對方真實的話語卻並不是「動聽」的。而只要你懂得察言觀色,就能從他們的話語中找到其說謊的「小動作」。比如,一個人找好友借錢,對方答應借給他錢,卻下意識搖了搖頭,這就說明這個人並不是心甘情願借錢給好友,而只是因為面子問題,所以才不情願答應的。

由此可見,在很多情況下,人們只透過語言是無法「看透」別人內心的真實想法的,必須把對方的話語和行為舉止結合在一起,才能看到對方真實的性情。也就是說,既要認真聽對方說話,還要懂得觀察對方的行為舉止,從對方說話時流

露出來的行為舉止中，「讀出」對方的真實話語。FBI探員往往能「解讀」犯罪者行為上的訊息，並能分析出其犯罪心理，當然，這並不表示FBI只注重罪犯，對普通人一無所知。事實上，FBI探員對普通人的了解比一般罪犯更加精準、詳細，甚至他們能從人們的一個神態中判斷出其情感狀態和內心想法。

可以說，FBI察言觀色的技巧，應用到生活中的時候，其作用就更大了，不僅可以用於解讀他人真實個性和心理狀態，更加重要的是，還可以用於解讀自我。對此，FBI資深犯罪心理學家費單‧加祖里奇說：「透過對他人行為舉止的觀察，我們可以清晰了解對方的個性特點，這是對別人心理的一種解讀。但它的作用不僅僅如此，人們還可以把這種技巧運用到自身，用於解讀自我，甚至能造成治癒自我心靈的作用。」

或許，有人會認為這是匪夷所思的，但是這並不是毫無根據的，因為，這世界上沒有比自己更了解自己的人，而且每個人心中都有拒絕他人了解自己的空間。大部分人會透過掩飾自己的外表，來掩飾自己的真性情，避免他人透過觀察自己的行為舉止，窺探到自己的內心世界，甚至會做出一些無意識的掩飾舉動，也就是所謂的潛意識隱藏舉動，這種舉動往往會把自己的負面情緒放到內心深處。費單‧加祖里奇指出，大部分犯罪分子都有一定的心理缺失，或者負面心理情緒積累產生的作案念頭，如果他們能夠更加明了解讀自我、認識自我，並治癒自我，那麼就會避免做出一些不法的行徑。所以說，每個人都有必要學習察言觀色的技巧。

有時候，FBI為了順利破案，會運用察言觀色的心理戰

術，為一些心理有問題的罪犯或嫌疑人進行治療。對此，費單·加祖里奇稱：「罪犯的心理問題不嚴重的情況下，基本上他們是有自省能力的，這也就是人們常見的那些作案之後自首的人，這是因為他們清楚知道自己做的事情是錯誤的，並且在做之前就有承擔的意願。但也有一些人，雖然知道犯案是不良的行為，卻在作案之後逃匿，這是因為雖然他們有自省的願望，但是卻找不到那扇門。」於是，FBI 在捕獲罪犯之後，會將適用於普通人自省，以及注意自我行為的技巧告訴他們，以誘導罪犯正面面對自身的罪行，將隱藏的真實動機供出。

如何從言辭特點中判斷出對手在說謊

在日常生活中，語言交流是人們的一種本能行為，同時，也是人與人之間相互了解的一種方式，是人與人之間連接的紐帶。但是，如今人們為了更好保護自己，不得不說一些言不由衷的謊言，而如果這時你無法辨別對方話語的真假，那麼你就無法了解對方企圖用謊言掩蓋的真實目的。

可以說，FBI 警探在與罪犯或嫌疑人交談的過程，想要從他們的言辭中找到破綻是非常不容易的事情，因為嫌疑人會想方設法找出各種理由，掩蓋自己的罪行。而從對方的話語中，判斷對方有沒有說謊，不僅僅需要專業的辨別知識，還需要行為心理學家教官的細心指導，更需要 FBI 探員有敏銳的聽覺。

FBI 警探在與罪犯或嫌疑人直接對話的過程中，首先會從他們的措辭中分析對象想要掩飾的真實話語。其實，在現實生活中，人們會不由自主分析別人所說的話，這來自於人們對語言的敏感。比如，如果你想邀請一個人參加聚會，而對方並不想去赴宴，但又沒有什麼理由拒絕，這時就會降低聲音或保持沉默。而在日常生活中，人們拒絕別人的時候往往不會太直接，而是委婉的，但如果仔細觀察，你就會發現這種委婉是靠說謊來完成的。比如，妻子指著對面一個年輕漂亮的少女問丈夫：「你看那個女孩長得漂亮嗎？」丈夫沉默一下，再突然回答，說：「什麼？不知道，沒注意看。」這是因為，丈夫知道

如果說「我感覺挺漂亮的」，那麼妻子就會和他吵鬧不休，而為了讓自己好過，丈夫就只好編造謊言，迴避妻子的問題。其實，丈夫表明的態度，不是否定美女的漂亮，而是否定了妻子的問題。再比如，顧客看中了一件衣服，但是價格太貴，不想購買，而身邊的推銷員卻在顧客身邊不厭其煩介紹這件衣服，並不斷慫恿顧客購買：「太太，我覺得這件衣服配您，會讓您顯得更加美豔動人。」顧客微笑著說：「這件衣服還可以，但我更加喜歡另外一件……」事實上，這只是顧客的推脫之辭。

從生活中的這些例子可以看出，當人們持拒絕態度的時候，就會有各種各樣的表達方式，但是最為常見的卻是用謊言推脫。而如果你對別人的話語沒有一定的敏感性，那麼就無法了解對方話語背後的含義。FBI 警探經常要進行各式各樣的審訊，因此也就會經常遇到各式各樣的說謊方式。

有一次，FBI 抓獲了一名盜竊分子，進而對其展開審訊。FBI 探員問：「請問你的名字叫什麼？」

這位盜竊犯面不改色回答：「安里‧卓傑。」

FBI 探員問：「能說一下你家的詳細住址嗎？」

安里‧卓傑回答：「紐約州布魯克林區，第 × 街區 × × 社區十二棟二〇八室。」

FBI 探員繼續問：「在聖誕節前夜的晚上十點十分時，你在哪裡？」

安里‧卓傑做出一副吃驚的樣子，回答：「天啊，十點我當然是在家了，我只知道那天我哪裡都沒有去。」

FBI 探員語氣嚴厲，問道：「請你再仔細想一下，那天你到底去了哪裡？」

　　安里・卓傑似乎感覺事情不妙，再次加重了語氣說：「哦，我什麼都不知道，我哪裡也沒有去！」

　　FBI 探員突然沉默了，他看著安里・卓傑，停止了追問，而安里・卓傑也開始平靜了一會兒，但是在探員的直視下，他有些受不了這種平靜的氣氛了。終於，他有些暴躁，抬高音量說：「該說的我都已經說了，那天我哪裡都沒有去。請你們盡快放我回家，再說，我怎麼可能去做違法的事情呢，請你們查明事情再來審問我。在沒有有力的證據之前，我不會再發表任何言論。如果你們採取強硬手段的話，我會讓我的律師控告你們，侵犯個人權益。」

　　事實上，經過調查，FBI 已經掌握了一部分的線索，證明安里・卓傑就是一個盜竊分子。雖然安里・卓傑在審訊的過程中，百般推脫，但是他企圖用憤怒的語氣，掩飾自己的緊張，以及他言辭中為了開脫而編造的謊言，都讓鎮定的 FBI 探員發現了蛛絲馬跡。

　　對 FBI 探員來講，在與嫌疑人交談的過程中，他們所使用的措辭，都是探員們分析的對象，FBI 探員會盡可能對嫌疑人所說的話進行分析，這能夠讓自己對謊言以及話語中的意思更加敏感。FBI 探員只要經過仔細的分析和觀察，總能從犯罪嫌疑人的供詞中找到對方語言上的漏洞，而往往這些言辭上的漏洞，正是 FBI 探員破案的關鍵。

　　其實，無論是犯罪嫌疑人，還是在現實生活中，每個人都會用謊言掩飾某些祕密。然而，人們又總會在不經意間洩漏自己的祕密。可以說，即使謊言再完美，也有其破綻之處，即世界上不存在無懈可擊的謊言。只要你懂得觀察，留意對方的語

氣變化，就能從對方的言辭特點中，找到一絲破綻。比如，聲音忽高忽低，說話前後矛盾，語言思維邏輯混亂等，都是人們說謊時常見的特殊語言現象。FBI 認為，在與犯罪嫌疑人交談的過程中，一個不經意間的言辭變化或談話內容，都可能隱藏著一個謊言，而識破謊言的辦法，就是從語言出發，牢牢抓住對方言辭的特點，或語言上的漏洞。通常，這樣的方法會達到意想不到的效果。

托尼和洛夫是一對好友，兩人經常一起出去打獵。在一次打獵的過程中，發生了意外——托尼被洛夫用獵槍打死了。失手殺人之後，洛夫立刻去警察局自首，他一臉悲痛向警察說起事情的經過：「我和托尼是很好的朋友，兩人經常一起打獵，沒想到竟然會發生這樣的意外。都是我的錯，我是個殺人犯，我開槍殺了我最好的朋友，我願意接受法律的制裁。」

幾名警員聽了洛夫的敘述之後，再分析了案發的經過，認為這起案件只是一次意外事故，這名失手殺死好友的男子並沒有罪。然而，資深的探長羅曼卻不那麼認為，他覺得洛夫殺死了自己的朋友，雖然臉上看起來非常傷心，但是在回答警員的提問時，言辭語氣卻非常平靜，聲調並沒有太大的起伏。於是，羅曼探長說：「發生這樣的事情，確實很讓人傷心，但我們還是需要了解事情的經過，所以請你再清楚說一遍這件事情發生的經過。」

洛夫說：「原本，週末那天我並不準備出去打獵的，但我剛起床，托尼就已經站在樓下喊我了。我出去一看，發現他在林子的空地上，而他的不遠處剛好有一隻熊正走過來。」洛夫在敘述的過程中，迅速看了羅曼探長一眼，發現他並無特別的反應，於是就繼續說：「當時，我為了保護朋友，就趕緊拿起獵槍，向熊射去，但是因為我剛起床的緣故，再加上太過緊張，沒有打中獵物，卻發生了讓

我傷心的一幕……」

這時，羅曼探長重重呼出一口氣，對洛夫說：「你根本不用傷心，因為你已經達到了自己的目的——謀殺了你的朋友托尼。」

洛夫愣了一下，然後，激動的大聲辯解道：「警官，雖然我確實殺害了托尼，但這是意外。」

羅曼探長搖搖頭，說：「不，這不是意外，這是一場有預謀的謀殺。按照你剛剛所敘述的，如果你是從上面向空地方向，也就是你朋友的方向射擊，那么子彈應該是斜著進入托尼的身體。然而，法醫的驗屍報告卻告訴我們，托尼是被一顆直線進入的子彈，擊中了心臟而死。」面對羅曼的分析，洛夫最終供認了自己謀害好友托尼的事實。

在審訊的過程中，羅曼警探細心詢問事情的細節，而洛夫很顯然有所隱瞞，因為，他在回答問話的時候，無法說出事情的具體經過，而是簡單敘述，並且羅曼探長從他的言辭語氣中，發現了端倪。對此，FBI指出，人們在說謊的時候，最顯著的特徵除了含糊其辭外，就是無法說出真實、具體的經過，有時候一個同樣的問題，問一個喜歡說謊的人，會得到幾種不同的答案。當你再深入詢問時，他們的情緒波動往往會非常大。此外，當罪犯或嫌疑人面對FBI警探的詢問時，一開始他們會假裝配合，臉上布滿疑雲說：「我什麼都不知道。」而詢問持續久了之後，他們就會開始無理取鬧，說：「在我的律師沒有來之前，我是不會說任何話的。」而在這個過程中，犯罪嫌疑人的語氣以及音量也會跟著提高，甚至會大吵大鬧，而這些語言特點都是他們掩飾謊言的訊號。

FBI探員在審訊的過程中，除了注意對方言辭的特點之

外，還會注意他們性格的變化。FBI 指出，性格內向的罪犯通常在面對審訊時，會表現得比較平靜、沉默寡言，而如果他突然變得健談起來，那麼這說明他想要掩飾什麼；而性特別向的罪犯，如果在審訊過程中突然間陷入沉默，聲音降低，那麼說明他對這個問題比較敏感，不願意回答。總之，在遇到這些言辭突然間改變的情況時，人們都應該提高警惕。由此可見，人的言辭語氣上的破綻，也是揭破謊言的一個突破口，只要認真觀察，就能從對方的話語中「看出」一些端倪，再結合實際情況分析，比如，對方說話時的音量、語氣、情緒、動作等，你就可以清楚了解到對方有沒有對你說謊。

手部動作背後牽出的「驚天祕密」

　　美國聯邦調查局行為心理學家奇·蒙德曾說過：「手是人類的感官之一，它與人類身體的其他部位相比，更能獲得大腦的偏愛，因而大腦會將更多的精力分給它們。這符合人類進化的意義，而雙手也在進化的過程中，變得更加靈活，因此，它更能表達出人們最真實的想法。」人們所知道的情況是，手的每一個動作，都在表達自己想要表達的情緒。但手部的動作也可以分為有意和無意的活動，有意的手部活動，通常是跟隨人們的意願活動，而那些無意識的動作，則不斷洩漏著人們想要掩飾的情緒，這也是被大多數人忽略的事實。

　　在現實生活中，人們的雙手每時每刻都在向他人反映著自己內心深處的想法。比如，在交際活動中，如果一個人的手放在桌面上，手指輕微敲擊桌面，做出彈奏的手部姿勢，那麼就說明這個人對談話的內容感到很無聊或厭煩，希望能快點結束話題離開；在課堂上，當老師在講台上滔滔不絕講課時，某位學生擺出手托腮的姿勢，這說明他覺得老師講的內容非常無聊，想放鬆一下；如果在社交活動中，對方做出手托腮並輕揉太陽穴的動作，說明他在仔細考慮你所說的話；如果是輕摸下巴的話，說明他在思考如何抉擇……其實，很多場合，只要你仔細觀察別人的手部姿勢，就能牽出其手部動作背後的「祕密」。

在很多案件中，即使是證人也會想掩蓋一些真相，這主要是因為人們不想沾染對自己不利事情的本性使然。

FBI 探員因為一個案件，詢問一名自稱良好市民的目擊者，而該名目擊者因為被問話時間太久，早已顯得有些不厭其煩——每當探員問到一些細節問題的時候，這名目擊者就會做出抓頭或掏耳朵的舉動，而其他幾名探員則站在審訊室外面，他們透過單面鏡子觀察目擊者回答問題時的動作，尤其是對目擊者手部的動作極為關注。

FBI 的幾名探員經過了一系列的案情分析之後，認為目擊者可能根本沒有說出事情的真相，即他對案情有所隱瞞，因為他的手出賣了他。果然，在經過一系列的重壓審訊之後，目擊者在巨大的心理壓力之下，才說出案發當天的真實情況。雖然目擊者並非罪犯，但是透過他試圖隱藏的線索，FBI 找到了與案件有直接關聯的嫌疑人，最終破掉了棘手的案件。而目擊者之所以隱瞞實情，是因為他不想讓自己與案件有所關聯。

FBI 警探依據審訊經驗指出，當嫌疑人或目擊者對審訊表示不耐煩、持迴避情緒時，就會下意識做出一些手部動作，如掏耳朵、抓頭髮、扶額等，這表示他們不想再說下去了。其實，這些下意識的手部動作，在日常生活或工作中是極為常見的。比如，當家長教育孩子的時候，或老闆訓斥下屬的時候，家長和老闆往往都會做出指手畫腳的姿勢，而下屬或孩子則完全相反，他們的手指會摸耳朵或做出掏耳朵的動作，這是因為他們不想把這些令自己厭煩的話語放進腦子裡。

除此之外，FBI 指出，當人們想要隱瞞一些事情的時候，他們的手往往會下意識做出一些動作，這些動作正是洩露祕密的關鍵。比如，當人們不想回答一些事情的時候，就會在別人

提問之後，稍微停頓一下，手會稍稍觸及嘴巴或鼻子，也會擺出用手遮住嘴巴的姿勢。當然，用手捂嘴的動作，主要是人們在面對一些驚訝或驚恐的畫面時，才會做出的姿勢。比如，「九一一」恐怖襲擊事件發生後，當人們得知這一消息時，便會下意識發出「噢，我的上帝啊！」之類的驚呼，然後再用手捂住嘴巴，這是因為人們的心理處於一種恐懼情緒中所致。

當然，不僅僅是在驚恐的情況下，人們在異常欣喜的情況下，也是會做出同樣的舉動的。比如，有一天早晨，當你醒來的時候，你並沒有發現今天有什麼特別的，於是像往常一樣推開房門走出去，而暖洋洋的陽光使你覺得很舒服，以致你不由瞇了瞇眼睛，但當你睜開眼睛的時候，卻發現自己被玫瑰花包圍了，你不敢相信自己的眼睛，用手使勁揉了揉，而不知何時你的愛人站在了你的身旁，對你微笑並親吻了你。在這種意外、驚喜的情況下，你可能會情不自禁用手捂住自己張開的嘴巴，害怕它發出不合時宜的驚叫，破壞了像夢境一般美好的畫面。或許，有的人會感覺這樣的例子有些俗套，但是這卻是愛情電視劇或電影中最為常見的經典劇情。此外，在日常生活中，只要人們接收到一份意料之外的禮物，或者夢到多年不見的好友，手部下意識的動作都會洩漏人們驚喜不已的情緒。

當然，人們不僅在驚喜或驚恐的狀態下，會把手放在嘴巴上，事實上，一些膽小、羞怯的人，也會經常做出用手遮住嘴巴的動作，這主要是為了強調自己的美感，給人一種文靜的感覺或引起異性的注意等。無論人們手部的一系列動作是與生俱來的，還是後天習慣形成的，這都不是重點，值得注意的是，

人們的手部動作是不可忽視的。FBI 可以透過犯罪嫌疑人的一個下意識的手部動作，推斷出他們的真實情緒和心理狀態。FBI 行為心理學家奇‧蒙德指出：「手觸摸嘴巴、耳朵、眼睛等身體隱祕部位的時候，比語言更加真實可信。」因為，心理學家透過研究證明，那些喜歡說謊的人，往往會透過手部觸摸身體的某些部位，來掩飾自己話語裡的謊言。

為此，奇‧蒙德還和 FBI 探員一起做過一些實驗：在實驗的過程中，FBI 探員讓三名罪犯用謊言回答心理學家的提問，而探員則負責在一旁記錄他們說謊前後以及說謊過程中，非語言的說謊行為；然後，再讓三名罪犯用真實的話語回答心理學家提出的問題，再分別記錄。FBI 探員把三名罪犯說謊的行為和不說謊的行為分別比較之後發現，當三名罪犯說謊的時候，他們的回答變得非常簡潔，回答也都有些迴避，並且在說謊的過程中，他們的手指還下意識做出了觸摸其他部位的細微舉動；而當三名罪犯不再說謊的時候，他們的這些手部的「異常」舉動，有了很明顯的減少。

對此，奇‧蒙德得出結論：當人們想要掩飾自己內心真實的想法時，手指就會做出無意識的舉動，而人們越是想要掩飾自己的真實企圖，身體動作就越讓自己的企圖暴露無遺。因此，FBI 探員認為，除了直視嫌疑人時所看到的面部表情之外，人們的手是自己的「第二副面孔」，這也是 FBI 探員屢屢識破罪犯謊言的一條重要途徑。而很多實驗也表明，那些高明的說謊者往往會透過自制力，控制自己減少手部的下意識動作。最常用到的方法就是，分出一部分精力，用自制力控制手

部動作，或許短時間內，這樣的控制是非常有效的，但是這樣的控制時間維持不了太久。因此，只要 FBI 探員與罪犯打持久心理戰術，他們是無法長時間控制自己不露馬腳的狀態，他們手部的下意識動作，最後還是會洩漏他們想要隱藏的祕密。

這是因為，當人們想要說謊的時候，他們的內心情緒往往異常緊張，即他們害怕謊言被識破，但又不希望自己的謊言被識破。在這樣複雜的心理活動中，人們會產生一些生理或肢體的不適。為了緩和這種複雜的心理不適感，人們的身體會下意識透過一系列的肢體活動，讓自己獲得放鬆。比如，手指摸一摸鼻子，因為在緊張的心理狀態下，嫌疑人的鼻子會充血，以及感到不舒服等，所以，人們在說謊的時候通常會做出摸鼻子的動作。

FBI 探員在審訊的過程中，最常遇到的是手勢動作。通常，在 FBI 探員提出「案發當天，你都去了哪裡，做了些什麼」或「被害人昨晚被殺，而在死之前與你有過接觸，所以我們不得不懷疑你」等問題時，犯罪嫌疑人往往會擺手做出「不是我，我沒有做」等手勢，來否定自己的犯罪事實。FBI 探員在審訊一名搶劫、殺人的罪犯頭目時，這名頭目抵死不認，還會用一種堅定的語氣說：「警官，麻煩你們調查清楚再下結論，我在社會中有一定的地位，是不可能做出那些可怕的事情的，更別說是罪犯的頭目了。」見探員不相信自己，嫌疑人用壓迫性的語氣為自己辯解，並且在辯解的過程中，他的雙手做出了一個劈砍的動作，而他在情緒憤怒之餘，還用手扯開了領結。事實證明，這名嫌疑人在說謊，因為他的動作已經告訴了

FBI 探員。對此，FBI 認為，當人們為了加強自己語言的可信
度時，往往會加重語氣，同時還會採取一些誇張、有力、細微
的手部動作來配合語氣的節奏。然而，正因為如此，犯罪嫌疑
人所說的話，才更加值得 FBI 探員懷疑。

臉色的變化是讀懂對方心理的「晴雨表」

　　FBI高級探長傑森・達瑞爾曾說過：「嫌疑人的面部表情能說明一切問題，我們能夠在調查的過程中，從表情中看到他們的內心世界。」可以說，人們的面部表情所反映的是人們內心的情緒，在不同的情緒下，臉色也會發生不同的變化。因此，FBI認為，學會觀察嫌疑人的面部表情，能給調查工作帶來很多便利。因為，人的面部表情感知度是非常豐富、敏感的，雖然其他部位也能做出「表情」，但是人們第一眼發覺的往往是人臉上的變化。

　　從人類文明發展的過程來看，面部表情上的變化已經成為了人與人之間溝通交流中不可缺少的一部分，並且，比起那些違心的言辭，表情更能真實有效的表達和交流活動。科學家和人類行為心理學家透過測試，得出這樣一個結論：臉部的肌肉分布非常密集，大腦中的訊號會不斷在面部表情的神經系統上來回傳輸，因此，人們的面部上會出現各式各樣的表情，而這些表情恰恰是人們心情最直接的體現。其實，大腦向面部傳遞的訊號，雖然各有不同，但是表情所傳遞的訊息，卻作為一種國際通用的交流工具，被大多數人所理解。也就是說，人們可以從面部表情的變化讀懂對方心理的「晴雨表」。

　　表情能傳遞人們心理情緒的訊息，這是人所共知的事情。對此，FBI指出，並不是所有的臉部表情所傳達的訊號，都是

真實可信的，因為高明的說謊者可以有意識去控制自己的面部表情，以迷惑 FBI 探員的審問。所以說，有些表情所傳達的訊息是帶有欺騙性質的。比如，從那些比喻人們偽裝自己的描述，如笑裡藏刀、兩面三刀等詞語中，就可以了解到，別人明明是一臉微笑，但是如果你注意觀察的話，會發現裡面另有乾坤。那麼，如何才能讀懂虛偽表情下掩蓋的真實情緒呢？

根據 FBI 探員以及心理學家對犯罪心理的總結，得出一些結論：高明的說謊者，雖然能透過控製表情來隱瞞祕密，但是他們的面部肌肉還是會洩漏出一些訊息的。值得注意的是，這些肌肉的細微反應，與人們的內心情緒是具有同步節奏的。也就是說，無論人們運用怎樣的方法和謊言來掩飾自己真實的情緒，他們的表情總會不可避免洩漏出一絲訊息。對此，行為心理學家也發現，當人們用虛假的表情掩飾內心真實的情緒時，面部表情中總會快速閃現一點「破綻」，但是這個間隔時間是極為短暫的，通常真實表情會在閃現一下之後，便被虛假的表情掩蓋。

此外，心理學家還指出，真實表情最短的持續時間只有二十五分之一秒，雖然這個時間維持得極為短暫，但是仍然不能逃過 FBI 的法眼。而在 FBI 認識到表情的重要性之後，便開始著手對其展開研究，以便利用它破解更多的案件。

從心理學的角度來講，表情的變化也是人們心理的本能反應，所以也被簡稱為「心理應急反應」。也就是說，當人們的心理受到外界的某種刺激時，臉上就會產生出表情，即使是細微的表情反應，也是人們內心最真實情緒的外漏。只要 FBI 探

員抓住了這一線索，就能看到真相的曙光。

FBI 認為，人們透過使用表情來傳遞心理情緒，已然變成一種習慣，而當人們受到外界刺激的時候，就會做出本能的自然反應，即使人們想停止這種自然流露的臉色變化，但臉部肌肉還是無法做到自然舒展。這也就是 FBI 探員經常能從嫌疑人臉色上找到「線索」，即所謂的「破綻」的原因。可以說，這些細微的「破綻」就是嫌疑人心理的「晴雨表」。而只要足夠細心，FBI 探員就能迅速從這些「破綻」中，找到揭穿對方謊言，以及破案的關鍵。

通常人們在清醒的時候，所做出的表情都是有意識的，也就是跟隨大腦指示所做出的表情，這主要是因為清醒的時候，思維邏輯比較理智，所以表情上也就不會有太大的「失誤」。但當人們在緊張的環境中，或面對一些不願意面對的事情時，心理情緒起伏就會加大，而在這樣一種心理狀態下，人們就很難保持應有的理智，所以往往無法保持「完美的表情」。FBI 探員在進行審訊時經常會遇到一些頑固的罪犯，他們在接受審訊時，顯得異常平靜，而每當這個時候，FBI 探員就明白，自己遇到了老奸巨猾的人。由於這樣的嫌疑人不好對付，所以探員的審訊工作會變得十分困難，而 FBI 探員也明白，是對方的心理防禦和意志比較頑強才讓他們的審訊工作變得艱難的。

針對這種情況，FBI 探員總是會運用強大的氣場讓嫌疑人心理上產生壓力，讓其降低抵禦力；或是不露聲色引導嫌疑人說謊，再觀察他們說話時的表情變化，而通常，這些方法都是很有成效的。因為，FBI 探員相信，比起被調查者有意識做出

的表情，那些無意識下做出的細微的表情往往更加真實，也更加令人相信。而當一名普通人突然接受 FBI 探員的調查時，他的言行舉止、表情動作都會表現得不如往日自然，在這種情況下，他的臉色變化，不可作為說謊的證據。也就是說，人們的表情變化雖然是心理的「晴雨表」，但是也不能草率對待，應從實際情況、具體事情出發，不能因為表情的變化，就盲目為他人下定義。

一名 FBI 探員正在與女友散步，對面走過來一名女孩。女孩來到 FBI 的女朋友安娜跟前，說：「哦，安娜，真的是你，我還以為自己認錯人了呢，走近了才發現真的是你。」

安娜也微笑著向對方打了一個招呼，但在她微笑的同時，FBI 探員注意到女友的嘴角是往下的，並且她的眼睛是微微瞇起的。於是，在女孩離開之後，這名 FBI 探員問女友：「親愛的，你和她是老同學？」安娜點了點頭。FBI 探員在得到回答之後，繼續問：「那麼，你們之間發生過不快嗎？看起來，你見到她並不高興。」

安娜驚訝的說：「噢，天呢！你怎麼知道這些的？是誰告訴你的？還是我剛剛和她打招呼的語氣太不禮貌、太冷淡了？」

FBI 探員笑著說：「不，你剛剛的語氣很好，打招呼的方式也沒有什麼不妥。但是，你臉上的一些細微的表情，洩漏了這些訊息。雖然剛剛你也熱情和對方握手、問好，但是當對方走到你面前的時候，你的笑並未到達眼底，而且你的嘴角並不自然。我們在面對一些嫌疑人時，通常他們對我們做出這些表情時，代表的是他們內心的不滿、拒絕和厭惡。」

安娜點了點頭，坦言道：「原來如此，事實上，我和她之前確實發生過不快，在讀高中二年級的時候，我們因為一些事情吵過架，

後來我們讀了不同的大學，就沒有再聯繫了。」

　　在整個過程中，FBI 探員根據女友安娜的表情變化，再結合事情的實際情況，進行分析判斷，猜中了女友的真實心理。像瞇眼睛以及嘴角向下的表情反應，在現實生活中或商務談判中，也經常遇到，但是它所表達的意思卻與前者不盡相同。如果在談判桌上，你在講解的時候，對手不時瞇一下眼睛，這說明他可能對你的解釋並不滿意，或在某些方面存有疑慮，正在思考著如何向你提問。由此可見，在不同的場合，以及面對不同事情的時候，人們所做出的表情也是有不同的含義的。總之，從實際情況出發來分析，做出的判斷才會更加貼近對方的心理狀態，而這樣它才能更準確揭露對方想要隱藏的祕密。

眼皮的跳動能夠折射出一個人真實的心理特徵

　　眼睛被譽為「心靈的窗口」，但很多人都忽略了，眼皮正是打開這扇「窗口」的「大門」。FBI探員透過與嫌疑人眼神之間的接觸，能夠窺探到嫌疑人的心理活動，這在現實社會生活中，也是被人經常用到的交際方式。事實上，人本身就是視覺性動物，人的視覺能夠影響人的心理現象，而反過來講，心理狀態也能夠由眼睛外延到外界。正如，人們在形容一個人的眼睛時經常說「你的眼睛炯炯有神」，其中，這個「神」就是神韻，即人們心理特徵的表露。但是，如果眼皮不打開到最大的限度，眼睛是無法做到炯炯有神的狀態的。

　　其實，眼皮的動作並不比其他部位少。比如，眨眼就是人們的眼部經常做的動作，僅僅這樣一個常見的動作，就代表了很多含義。通常，眨眼可分為兩種：一種是有意識眨眼；另一種則是無意識眨眼。有意識的眨眼非常明顯，是受到大腦指示而做出的動作，而無意識的眨眼活動，則是在不知不覺中完成的。FBI指出，在正常情況下，人們的心情處於一種放鬆狀態時，眼皮每分鐘會眨動六到八次，而眼皮張開閉合的時間卻只有十分之一秒。這種間隔時間通常是比較正常的頻率，而一旦這種頻率被打破，那麼就說明對方的心理出現了起伏，開始不正常了。所謂的非正常心理狀態，則是指人們心情的變化，比如，緊張、慌張、愉快等，這個時候眼皮跳動的頻率就會發生

明顯的變化。

　　FBI 分析，造成這種情況的原因可能是因掩飾某些祕密而讓自己的內心無法平靜。比如，嫌疑人說謊時擔心警官把自己的謊言識破，在這種擔憂和壓力之下，人們或許能控制自己口頭上的言辭，但是卻無法控制自己眼皮的跳動，所以因為心理狀態和情緒的影響，說謊者總會做出不停眨眼的舉動。很顯然，眼皮不停跳動並不是一種常態，而出現這種情況時最好的解釋就是，對方想要掩飾什麼訊息。因此，FBI 探員在一些調查或審訊時，往往會透過被調查者的眼皮跳動的頻率來判斷對方供詞的可信度。而在處理一些棘手的案件時，FBI 探員往往就是利用了嫌疑人眼皮跳動的頻率，抓住了其中的關鍵訊息。

　　一天，波多黎各的一家旅館發生了一起惡性的縱火事件，在火災中喪生的人超過百人，所以引起了 FBI 警部的高度重視。很快，一名旅館的保全人員，成為了 FBI 探員的懷疑對象，因為最先燒起的地方，正是這名保全人員負責的範圍。

　　於是，FBI 探員詳細詢問了這名保全，以確定他當時是否在案發現場。

　　FBI 探員問：「著火前的時間，你在哪裡？」

　　保全說：「當時，我因為肚子不舒服，去了洗手間。」

　　FBI 探員接著問道：「有人證明你當時在洗手間嗎？」

　　保全想了想說：「抱歉，大概沒有，因為我進去的時候，沒有看到熟人。」

　　FBI 探員直接發問：「你是否參與了縱火？」

　　保全瞬間睜大眼睛，說：「怎麼可能，我是不會做出這種事情的。」

FBI 探員再次提問：「那麼，起火時你在何處？」

保全說：「我，我當時在洗手間洗手，聽到外面的驚呼聲，就立刻跑出來了。」

雖然保全在回答的過程中，表情上並沒有什麼變化，但是細心的 FBI 探員還是發現他在回答「案發時在哪裡」的問題時，眨眼的頻率快了一些，而在被問到其他問題時，則沒有任何變化。這讓負責審問的探員立刻明白，這名保全所說的話語中存有謊言。最終，在 FBI 強大的壓力之下，保全不得不承認，自己在案發時，離開職位許久，並不是如他所說，用了一點時間去了洗手間，而是和旅館中的女友在房間裡待了一個多小時。不幸的是，在他離開的這段時間裡，兩名縱火犯乘虛而入，引發這一悲慘的結果，而因為怕承擔失職的責任，所以這名保全才說了謊。

在審訊的過程中，FBI 探員沒有放過這名保全的任何動作，並且，在觀察到保全面對一些敏感問題時，眼皮的特殊跳動訊號，讓探員明白應該乘勝追擊。雖然保全的做法並沒有造成直接的犯罪，但是卻要承受擅離職守的懲罰。

FBI 經過研究發現，眼皮跳動的頻繁動作，除了是因為說謊而產生之外，人們在受到威脅時，眼皮也會頻繁眨動。比如，當 FBI 以恐嚇的手段對待頑固的嫌疑人時，也能從他們的眼部看到此類動作。在這種情況下，通常眼皮眨動的間隔會拉長，而這種動作也是人們下意識的肢體反應。

在日常生活中，你也可以跟隨眼皮的變化，分析別人的心理態度。比如，在人際交往中，當你在說話的時候，對方做出了頻繁眨眼皮的動作，這說明他根本不想和你繼續交談下去，所以他的眼皮閉合的時間通常會持續三秒，甚至更久，彷彿是

在說「趕緊從我的眼前消失」。如果對方的眼皮放低，後腦朝下，下顎輕微抬起，眼簾呈半打開的姿勢凝視你，這表明對方持藐視的心理狀態。此外，當一個人感覺到自己不被重視時，也是會做出眼皮半打開這一眼部動作的。總之，在看到對方做出此類姿勢時，要根據事情的實際情況進行分析。

在人際交往中，如果對方眼皮跳動的頻率變得拖沓，則說明你所說的內容不夠精彩，無法吸引對方的注意力和引發對方的興趣。如果你認為，別人這樣是對你的不尊重，那麼你可以給予相應的回應，或將談話刻意停頓一下，和對方的眼神做一個交匯，而對方就會明白，你希望他打起精神來聽你說話。需要注意的是，女性眼皮的眨動是和男性不同的。比如，在現實生活中，常常會出現這樣的情況：在一些場合，一個女性在男性身邊擦肩而過的時候，微笑著對男性眨了眨眼睛，或抬了抬眼皮。這樣的女性通常比較有自信，並且她們相信自身的魅力，而這種做法也是為了向異性展現自身的魅力。

與充滿自信的女性相比，男性如果頻繁向異性眨動眼皮，那麼他在潛意識中已把自己當成了帥哥，對自己的容貌或身分背景非常自滿，相信自己身上是帶有魅力的，能打動女性。因此，即使男性沒有「帥氣」的外在形象，而他敢於在他人面前如此展現自己，再加上眼部的舉動產生的影響力和感染力，也能讓自己獲得更多人緣，博得一些女性的青睞。此外，無論是男性還是女性，喜歡向別人眨眼、挑眉的人，性格通常都比較前衛、自信、追逐潮流和時尚，喜歡受到眾星捧月般的對待，成為人群中的焦點人物。

FBI遇到過各式各樣的罪犯，也有一些花花公子或妓女，在審問的過程中，他們也都會頻繁做出眨眼皮的動作。在FBI看來，頻繁眨眼皮雖然是一條增強個人魅力的途徑，但做出這種動作的人也會讓人覺得過於自負。而FBI探員在與被調查者交流時，他們多會根據對方眼皮跳動的頻率，再結合其言談舉止，分析並判斷此人的內在品質。

從對手的說話習慣中尋找致勝方法

　　FBI 指出，人們在長期的人際交往中，會逐漸形成一些屬於自己的說話方式或習慣，這些說話習慣與他們的性格有著緊密的關係。從某種意義上講，人們的性格影響了說話習慣的形成，而說話的習慣各有不同，它們反映的正是彼此個性的差異，即說話者的心理特徵。FBI 認為，說話習慣的形成本身就十分複雜，難以改變，即使人們透過明顯的修飾試圖改變，也會在不經意間流露出來。因此，在人際交往中，你能夠從一些習慣性的語言中，找到致勝的關鍵。

　　首先，語速在人們說話時，是最容易形成特定習慣的。每個人的說話方式有所不同，而語速也不盡相同。FBI 指出，在一般情況下，如果沒有外界的刺激，人們平常會採取自然的語速習慣。從對方的語速快慢中，你大致可以初步了解到一個人的性格：一般思維敏捷、跳躍性強的人，語速通常很快，而心思縝密、大智若愚的人則語速較慢。此外，說話聲音的高低，也是 FBI 探員分析對方性格的一條線索。每個人說話的聲音都是不同的，一般有著開朗、豪爽、固執的性格的人說話的音量會很高，而比較懦弱，或有陰險的性格特點的人，則說話聲音較低。除了說話音量之外，人說話時的音調或節奏，也是值得特別注意的線索。有的人在交談時，抑揚頓挫，顯得很有節奏感，這樣的人一般感情豐富；而有的人在交談時，則一直語調

平平沒變化，如果不是受到了某種打擊導致情緒不振的話，就是本身性格比較理性。

這些最為常見的說話習慣，是人與人之間交談的要素。FBI認為，從以上這些方面觀察嫌疑人的言辭習慣，能精確分析出嫌疑人的性格特徵。通常，FBI探員喜歡使用比較精密的儀器，對嫌疑人的資料做全面的收集和細緻的整理。當然，除了這些方面的訊息收集之外，說話習慣體現的方面也比較廣泛。比如，口頭禪、打招呼等各種習慣性的方式，在一定程度上也能反映出說話者的性格以及心理狀況。

在日常生活或工作中，稱呼的使用習慣，代表的是彼此之間的關係和心理距離。從雙方交談的稱呼中，在一定程度上可看出雙方之間的親疏關係。比如，有的人習慣稱呼自己的同事為「××先生」或「××小姐」，這代表同事之間存有一定的心理距離，不足以掏心掏肺。

對於東方人而言，在人際交往中，雙方稱呼上的問題可以表明彼此之間的親疏程度，而在美洲一些國家，比如，美國在非正式的場合直呼其名是一種十分普遍的稱呼方式，但如果你的愛人也這樣稱呼你的話，說明你們之間的關係並沒有想像中的那麼深刻。因為，人們通常會稱呼彼此為「親愛的」或稱呼對方的暱稱。在一些社交場合，面對陌生人的時候，人們通常會稱呼對方為「××先生」「××女士」，而僅僅是初次見面，還沒記住對方的名字時，使用這種稱呼方式是十分恰當的。但如果你和對方已認識了很久，還依然如此稱呼對方的話，則是向對方表明「我們保持距離」的態度。因此，如果在人際交往

中，你認識了很久的朋友如此稱呼你，那麼就說明此人試圖在心理上和你保持距離，希望雙方互不干涉。

當然，在一些場合中，你也會遇到那些既不稱呼對方為「先生」或「女士」，同時也不稱呼對方名字的情況，並以「這位」或「那位」等進行稱呼，這些都是內向、不善拉近關係，或和陌生人之間的稱呼的表現。而如果夫妻在講到自己的家人時，不以「我的」為開頭，比如，「我的先生」或「我的妻子」等，而是用「孩子的父親」、「孩子的母親」等稱呼開頭，則是以家庭為重，把家庭放在第一的心理，而總是以「我的」詞語為稱呼開頭的人，從表面上來看是親密關係的表現，但實際上，這種親密更多是源於強烈的占有欲和支配欲。由此可見，人與人交談的過程中，最開始的稱呼，在某種程度上來講，可以表達人們的心理距離，因此，那些高明的交際者往往會採取改變稱呼的方法來拓展人脈關係。比如，當他們想親近一個人時，就會不經意改變自己對對方的稱呼，如此一來，就增加了彼此之間的親近感，相互之間的心理距離相對來說也會逐步縮小。

綜上所述，FBI 認為稱呼也是一種語言上的說話習慣，在一定程度上可以反映出人與人之間的關係。在 FBI 探員辦理的一些案件中，當探員們要求對方供出犯罪者的合夥人時，他們通常不會和合夥人表現得太過親密，但是 FBI 探員總會適時製造機會讓其發言，然後就能從稱呼上看到犯罪者們的關係深度，進而找到致勝的關鍵。此外，FBI 還尤為關注嫌疑人們的口頭禪，因為不同的口頭禪代表的是人的不同個性。FBI 透

過研究發現，習慣用語裡面也藏有人的心理祕密。比如，有的人總是習慣說「這是真的」、「老實說」、「不騙你」之類的話，說明他們善於說謊，而事實也往往會與他們所說的狀況相差甚遠。雖然他們所說的話語在刻意表明自己的行為是誠實可信的，但他們的目的只是想要讓你重視他們所說的話。

在現實生活中，一個人如果想讓他人認可自己的觀點，通常會說「必須」、「一定」等強調性的詞語，這種人通常比較冷靜、自信；與之相反的是，那些常說「好像」、「大概」、「或許吧」等模糊性話語的人，往往防範意識比較強烈，總是透過一些模稜兩可的話來掩飾自己的真實想法，不想讓別人看透自己的內心世界。這類人往往在做事的時候比較仔細，但是在人際交往中，因為與他人的距離拉得過遠，所以人際關係並不樂觀。在日常工作中，有些人在表達自己意見的時候，通常會說「聽說」、「據說」等套用「第三者」來完成自己的表述，一方面是不希望有人對自己的建議產生置疑，另一方面則是不想被自己的說話內容所連累，這實際上是一種不想承擔發言責任的說話方式。

那些處世圓滑、老練的人，比較喜歡運用這些「推卸責任」的說話方式，這種做法很明顯是為了給自己留條後路，但這也是他們缺乏果斷決策力的體現。因此，他們說這些的時候，內心也會出現矛盾與糾結的情緒，而當所謂的「據說」沒有達到預期的結果時，他們會說「我當時也對這個說法存有置疑」，而當達到預期的結果時，他們又會說「不錯，我當時也是這樣想的」。

在人際交往中，也經常見到那些把「我」掛在嘴邊的人。FBI 認為，這種人往往以自我為中心，他們通常所圍繞的話題多為自己，總是會對別人說「我最近如何」之類的話語，而不會認真聽別人表述自己的近況，同時也很少在乎他人的感受。此外，這種人還常常打斷別人的談話，且顯得非常直接，使得人們不由就對其產生了厭惡感。因為，這類人的內心表現欲比較強烈，總是希望自己成為他人眼中的焦點，所以在別人眼中會顯得有些自大。

FBI 的研究結果表明，每個人的說話習慣和性格有著密切的關聯。但事實上，人們在現實生活交流中，很少會分析說話習慣和聊天方式，因此也就無法了解語言習慣背後所代表的心理特徵和性格，當然也就無法掌握人際交往中致勝的關鍵。因此，FBI 才提醒人們，如果想要了解一些人的心理狀態，打破雙方之間的心理界限，掌握語言習慣背後的深意是一條不可忽視的捷徑。

透過眼神的變化即可透視出對手的心理狀態

　　FBI 探員在審訊時，往往會直視嫌疑人的眼睛，因為他們知道，眼睛是心靈的窗口，透過眼睛，他們能夠更加清楚感受到嫌疑人的真實情緒和心理狀態。當嫌疑人說謊時，通常不敢和 FBI 探員眼神交流，因為他們的情緒比較緊張，害怕 FBI 探員從自己的眼神中發現自己在說謊。

　　在日常生活中，當孩子對家長說謊時，家長會說「你看著我的眼睛，再說一遍」，而孩子往往會表現出一副緊張的樣子，把眼睛轉向腳尖，於是家長便得知孩子是在撒謊。而在成人身上，也會發現類似的這種行為，不過成人往往會做很多的掩飾工作。比如，高明的說謊者會直視著對方的眼睛說謊，但其身上的其他細微反應還是會出賣他們的心。通常，普通人在說謊時，很少能做到直視別人的眼睛，當然，也可能因為他們的性格內向、信心不足，所以不敢直視對方。

　　在交流活動中，如果對方對你的談話內容不感興趣，或者對你所說的內容並不關心，那麼他們的眼神就會隨意移開。雖然對你提出的問題他們也會作答，但實際上，他們根本沒有關心你說的是什麼，並且沒有真正把你所說的內容放在心上，因為他們可能正在神遊太虛，甚至有時會忘記回應你的話，當你喊了對方多遍時，他們會恍然說：「啊？噢！」足夠聰明的人意識到這一點時，想必會盡快結束談話或換個話題。而在日常

生活中，下屬被上級訓話時，轉移視線並不是醞釀謊言的表現，而是正常的社交心理，因為上級的身分，總會給下屬一種心理壓迫感，所以下屬通常在受訓時，會下意識轉移視線以緩解這種不適感。

一位資深的 FBI 警官受邀參加一場宴會，他在宴會上看到一位看似文質彬彬的上流人士和一名普通的服務員發生了衝突。只見這位上流人士對服務員大聲嚷道：「真是太過分了，我完全可以起訴你，讓你為此付出代價。」

參加宴會的名流們聽到叫嚷聲，紛紛圍了上來，酒店的部門經理收到消息後也急忙趕了過來，對這位名流做了一個抱歉的手勢，說：「魯特先生，請問發生了什麼事？」

魯特憤憤不平指著身旁的服務員說：「我看到他在我的食物裡放東西，居心不良，我現在懷疑他要謀殺我，所以我決定起訴他！」

聽到這些話，會場裡頓時一片譁然。

這名服務員吞吞吐吐為自己辯解道：「魯特先生，我只是在你的食物裡放點調料，想讓它的味道更加可口，並沒有像您說的那樣……」

魯特先生問道：「那為何你不敢正視我？很顯然，你是在說謊，想用謊言來掩蓋自己的罪行，但是你閃躲的雙眼已經出賣了你。」

酒店的部門經理，馬上勸說道：「魯特先生，請您息怒，待我請示上級，會立刻作出安排的。」

魯特卻不聽這些，而是直接說：「我要報案。」

　　一旁的 FBI 警官看事情繼續發展下去會更加糟糕，於是他走出來出示了自己的證件，說：「請大家冷靜下來，我們會進行調查的，

請你們配合。」

經過 FBI 警官的一番調查之後，發現這位服務員並沒有說謊，而事實正如他所說的那樣，他在為食物加料，想讓其味道變得更加美味。然而，魯特卻疑惑的問 FBI 警官：「那為什麼他不敢直視我的眼睛，這分明是說他做了什麼事情，不想讓人發現，是心虛的一種體現。」

FBI 警官笑著對魯特先生解釋道：「魯特先生，你的表現如此激烈，情緒波動如此強烈，放在任何一個普通服務員身上，都會感覺懼怕。再者，這名小夥子可是剛來工作不久，自然是抱著兢兢業業、忐忑忑忑的心情工作。」

在整個過程中，服務員面對魯特時的眼神閃躲，並不是說謊的表現，而是在面對上位者時，內心的壓迫感讓他的心理緊張所致。再加上因為是新職員，所以害怕失去這份得來不易的工作，因此不敢太過強勢反駁客人。這種情況，是弱者遇到強者的表現，而服務員作為弱者表現出不敢正視對方的行為，是正常的行為。FBI 警探知道，嫌疑人不敢直視自己是心虛的表現，但是卻不是說謊的證據，因為 FBI 警探身處的地位比較強勢，而嫌疑人則是弱勢的地位，因此心虛害怕是常見的現象。所以說，具體問題需要具體分析，切不可因為對方的一個眼神就妄下斷言，盲目將別人定罪。

值得注意的是，高明的說謊者在說謊的時候，是會控制住自己閃躲的眼神的，他們通常會直視警察的審問，甚至還會專注盯著警察的眼睛看。不過，他們這種可疑的行為，在精明的 FBI 警探眼裡，還是會現出原形的。因為，當嫌疑人或犯人露出專注的眼神時，他們的瞳孔就會放大，並且，因為強制性專

注眼睛的關係，會使得眼球乾澀，所以他們就會不停眨眼，而這個致命的訊息則會迅速出賣他們。當然，高明的罪犯會意識到這一點，所以他們會盡量減少眨眼的次數，但是FBI警探卻不會為此而擔心。因為，只要在審訊中他們說了謊，總會在某個方面露出馬腳。

此外，即使說謊者做了近乎完美的掩飾，你也可以從對方眼球的轉動中發現端倪，因為當一個人的大腦快速運動時，其眼球往往會轉動得很快。比如，當人們在回憶或思考某些事情時，眼睛通常會向左上方轉動；而當人們在構想一些畫面或未來時，其眼睛通常會轉向右上方。FBI指出，眼睛轉動的方向是人在心理活動時下意識做出的反射動作，除非受到過嚴格訓練，否則是無法假裝的。其實，洞悉力敏銳的FBI警探們，也較為關注嫌疑人瞳孔的變化，以特殊的變化再結合實際情況，去判斷嫌疑人供詞中的真假。

FBI曾抓獲過很多間諜，其中有一次，在抓獲間諜之後，FBI警探了解到間諜還有其他同夥，但是間諜的態度非常強硬，不願意透漏任何訊息。顯然，這名間諜已經做好了隨時犧牲的準備，這讓FBI警探非常著急。因為如果不及時抓住間諜的同夥的話，可能會帶來更多的危險。而經過FBI警探們的內部討論，有人想出了一個辦法：FBI警探把所有和該間諜一起工作過，或見過面的人的面貌以及姓名，印在了卡片上，然後FBI警探要求這名間諜每一張都要看，同時，要描述照片上的人物和名字，講述他所了解的情況。

其實，FBI警探對這名間諜所說的內容並不感興趣，因為FBI警探猜到，對方一定會說謊，而FBI警探真正在意的是他在觀看照片時，所透漏的眼神訊息。當這名間諜看到其中一張卡片上的人和

名字時，他的眼睛突然張開，瞳孔擴大，但突然他又好像意識到了什麼似的，馬上瞇起了眼睛。雖然這瞬間的動作引起了 FBI 警探的注意，但是他們並沒有聲張，而是不動聲色繼續讓其觀看卡片。最終，FBI 警探根據這名間諜的「特殊」眼神，針對其中兩名可疑人物全方位調查。調查結果證明，這兩名被調查者果然就是被抓間諜的同夥。

事實證明，FBI 警探透過觀察嫌疑人的瞳孔變化，能有效分辨出對方供詞中的真假。此外，FBI 還指出，當一個人情緒激動時，他的瞳孔就會擴大；而當他用平緩的語氣敘述一件事情的時候，即使他的表情沒有任何變化，但如果你仔細觀察，看到他的瞳孔是擴張的，你就可以斷定他是在說謊。

通常，那些高明的說謊者，喜歡用平和的語氣及平靜的表情來掩飾自己內心的波動。在 FBI 調查案件的過程中，總會有一些審訊工作，因此，探員們對於嫌疑人或罪犯眼部的訊息尤為關注，特別是他們的眼神、瞳孔，以及眨眼間的動作，因為這些往往能帶給 FBI 探員一些非常有價值的訊息或線索。可以說，在 FBI 經手的案件當中，探員們都能透過嫌疑人眼部的訊息，順利找到一絲有力的線索。

FBI 認為，眼神的變化雖然是極其細微的表情，但是卻是了解一個人心理狀態最快速、最直接的途徑。比如，當一個人表示自己非常開心的時候，通常會微笑，這時，他的眼睛是微微瞇起的，而眼神是閃亮的。從這一眼神中，你就可以了解到，對方的心情以及情緒變化。這遠遠比對方向你說一句「我現在很高興」的話語，更加直接和真實。總而言之，透過別人的眼神，你可以發現很多訊息。比如，在一些社交場合或交際

場合中，那些名不見經傳的人物的眼神，往往是關注著有地位的人，而那些有社會背景的人的眼睛，卻很少會關注別人，因此，他們的目光很少放在他人身上。顯然，透過這一點，你就可以判斷出對方身分的高低。由此可見，人的眼睛所說的話，並不比舌頭少，並且它是不需要語言就能了解整個世界的簡單「語言」。

讀心博弈
FBI 和 CIA 的心理攻防技巧

第六章
擾亂對手的心智模式——
CIA 挫敗對手的心理戰術

CIA 特工都是精通心理戰術，擅長讀心術，以及心理操控術的。由於 CIA 特工們都是隱藏身分的高手，所以他們混在人群中你是絕對不能辨認出他們身分的。但是，他們卻能把身邊的人都「看懂」，而在工作中他們能洞悉出對方的心理戰術，識別出對方的陰謀，掌握主動權，贏得勝利。

在與對手交鋒的時候，CIA 總是能運用各種心理戰術挫敗對手，因而可以說，這些心理戰術是 CIA 執行任務的重要「武器」。在面對犯罪分子的時候，CIA 非常擅長用各種手段取得心理上的優勢。據統計，美國一半左右的案件都是在審訊過程中破解的，而這其實就是 CIA 實施心理戰術的結果，同時，這還證明了 CIA 在與對手打心理戰的時候，總是能運用自己的技巧，取得優勢地位。

掌握對手的負面訊息，成功「遙控」對手的內心世界

　　一九五〇年，在美國洛杉磯地區連續發生了好多起強姦殺人案。殺人犯埃里在作案前，事先會在報紙上刊登出可以替女性介紹模特工作的廣告，而這項工作，對於那些身材姣好卻沒有模特工作經驗又夢想著能夠輕鬆賺大錢的年輕女孩而言，是非常具有誘惑力的。

　　當這些女孩按照報紙上的地址去應徵的時候，埃里就會謊稱自己和模特公司已經協商好了，之後就會開出令這些前來應徵的女孩感到驚訝而又欣喜的價碼。接下來，埃里便會用他那三寸不爛的滑舌，誘騙前來應徵的女孩和他一起去「模特公司」，而埃里口中的模特公司不過是他經過精挑細選之後，認為最適合用來作案的地點而已。

　　埃里十分了解這些女孩的心思，他知道大多數的女孩都會顧及家人和自己的男友，於是她們會因為擔心家人或男友的反對，而隱藏自己的行程，所以很多來應徵的女孩子都不會把自己的行程告訴別人。因此，即便是她們失蹤了，那麼，其他人也無法知道她們在失蹤之前的確切行蹤。同時，埃里這樣安慰自己的犯罪心理——他告訴自己，這些女孩們都是自願在陌生人面前展現或暴露她們誘人的胴體的，以此得到對方的誇獎，從而滿足自己內心的虛榮心。而在很多時候，埃里更會將之看作是女孩們以自己的身體做誘餌對自己實施的一種勾引。於是，他藉此強暴了她們。但他又擔心這些女孩會把真相說出去，所以，他決定每強暴一個，就殺掉一個，絕不留後患。

這一系列的案件在當時的美國社會，引起了極大的惶恐和震動。但是，美國警方幾經調查取證最終也沒能將兇手抓獲，於是在幾年過去後，這一系列的案件也就不了了之了。然而，就在這樁案件都已經過去了幾十年後的一天，在美國洛杉磯又發生了兩起年輕女孩被殺的案件。CIA 探員埃克斯負責偵辦這兩起殺人案，因為這兩起命案就發生在他所管轄的轄區內。埃克斯認為這兩起案件極有可能是連環殺人案，換句話說，就是製造這兩起殺人案的兇手是同一個人。而這兩起年輕女孩被殺的案件似乎與幾十年前埃里所製造的連環殺人案不同，也與諸多連環殺人案之間沒有任何聯繫。

　　雖然埃克斯在調查命案方面的能力十分了得，但此次的兩起命案，卻令他倍感壓力。因為只有相信以及確定這兩起命案都是同一個人做的，且該兇手也可能涉及其他地區的年輕女孩被殺命案，整起案件才能有一個近乎合理的解釋。可是，埃克斯恰恰又缺乏一個全面的、合理的方法或證據來證明自己的推測和假設的正確性。於是，埃克斯決定親自到自己所管轄的轄區內的檔案中心和報社去查閱一些過去的連環殺人案的資料。他之所以會這麼做，是因為他想要從過去發生的那些連環殺人案中尋找到一些相似之處，並希望能夠從中得到啟發，最終將案件破獲，將殺人兇手繩之以法。

　　從埃克斯所蒐集到的資料來看，連環殺人犯最大的特點，就是他們思路清晰，條理分明。此外，從埃里那樁連環殺人案中，埃里在強暴那些女孩們後與她們的談話內容引發了埃克斯高度的關注。表面上看，埃里和其他的連環殺人狂一樣，他也最討厭受害者反過來想要控制他的行為。比如，對方說，如果他肯放她們走，她們就不會把這些事情告訴別人。換句話說，如果他不放她們走，她們就會把他的罪行公布於眾。很明顯，這樣的結果只會激怒犯罪分子，使原本平靜的他們暴跳如雷，那麼受害者自然就難逃一死。這是因為犯罪分子普遍擁有一種絕對保護自我的心理。

　　一段時間後，經過對這兩起案件的偵察，埃克斯鎖定了一個犯罪嫌疑人，這個人是一個流浪漢，名字叫做克魯德特。克魯德特之所以會成為埃克斯鎖定的目標，原因就是因為他的一個舉動。

　　那天，埃克斯正走在大街上，他突然發現克魯德特在大街上攔住了一名年輕漂亮的女孩，並要求撫摸那女孩的乳房，那名女孩在聽完他的要求之後，暴跳如雷，大罵克魯德特是神經病，還給了克魯德特一巴掌。克魯德特的行為讓埃克斯很不解，同時也讓他想到了一個疑點。

　　在那兩起年輕女孩被殺的案件中，其中遇害較早的那名女孩的乳房被犯罪分子殘忍切割了下來。埃克斯從犯罪心理學的角度分析，犯罪分子之所以會做出切割女孩乳房這樣的行為，原因有兩種，一是他特別憎恨女孩的乳房，再就是他特別喜歡女孩的乳房。因此，當埃克斯看到克魯德特的那種行為後，就將克魯德特帶回了警局。

　　在做筆錄的時候，埃克斯詢問克魯德特為什麼會有那樣的行為，克魯德特的回答是，他只是單純想戲弄一下那個女孩而已。之後，不管埃克斯怎樣提問，克魯德特都沉默不語，拒絕作答。埃克斯認為那起案件中切割女孩乳房的罪犯，很明顯屬於心理不正常的一類人，因此，只要克魯德特也是屬於心理不正常的那一類人，那麼，就只差作案時間和作案動機了。

　　於是，埃克斯請教了當時一位很有名的犯罪心理學專家，他向這位專家詢問有什麼方法可以測試出克魯德特的心理是否正常，而心理專家則給出了三個問題。

　　第一個問題是，一個男科學家和他的朋友去南極考察，但是在途中遇到了雪盲，什麼也看不見，他們只得遊蕩，而在飢寒交迫的情況下，他的朋友一直在向他提供企鵝肉，但是他的朋友最終沒能

挺住，死了。最後，這個人被救了回去。第二年的時候，他特意去企鵝店吃企鵝肉，但是回來後卻自殺了。為什麼？

第二個問題是在一個雨夜，一個男人在車內聽廣播，但突然一個閃電打來，隨後又是雷聲，車內的廣播受到閃電的干擾，暫停了幾秒鐘，隨後這名男子大叫一聲，就自殺了。為什麼？

第三個問題是在沙漠中，有人發現了一名女性已經去世了，這名女性在去世的時候頭是朝下的，身邊還散落了幾個行李箱，而這個女人的手裡則緊緊抓著半根火柴，這個人是怎麼死的？

克魯德特分別對這三個問題一一作了回答：男科學家其實是吃了他死去的朋友的肉才維持了生命，但他一直告訴自己，他吃的是企鵝肉。可當他去吃真正的企鵝肉時卻發現了事實：企鵝肉和他在南極吃過的一點都不一樣，所以他接受不了這樣的事實，最後自殺了；第二道題中的那名男子是廣播電視台的新聞主播，他精心策劃了一起殺人案——把自己的妻子殺死了，他利用事先錄好的帶子，在他主持新聞的時候播放，與此同時，他回家殺了他的妻子，然後開車回到主播室，而在車上聽的就是他事先錄好的帶子。但是廣播受到雷電的干擾，暫停了幾秒，而他的錄音卻沒有因此而暫停，從而使他偽造的不在場證據立刻化為烏有，所以，他最後自殺了；第三個問題中的那個女人是和朋友坐熱氣球旅行經過沙漠，由於燃料不夠必須得減重，而當女人和朋友扔了所有的行李箱之後，還需要減重，於是女人和朋友就只好拿著火柴抽籤——抽到半根火柴的，就跳下熱氣球，而女人十分不幸抽中了。

這其實是一道犯罪心理反測試題，主要是用來測試疑犯的變態犯罪機率的，如果能答對其中兩個問題的人，就說明這個人是屬於心理不正常的一類人；如果全都答對了，這個人就是個殺人犯。很不幸，克魯德特將三道題全都答對了。但埃克斯並沒有將這個測試結果告訴克魯德特，還說了一番客套話，並釋放了他。因為埃克斯

知道，僅憑這一點是根本沒有辦法判定克魯德特就是那兩起命案的兇手的，而誰都知道，辦案是講求證據的。但是，透過對克魯德特的測試以及克魯德特在警局的言行，埃克斯進一步認為，克魯德特極有可能就是兇手。可埃克斯卻一直找不到證據。

至於為何釋放克魯德特，埃克斯這樣解釋道：「我這樣做只是為了盡可能降低或消除克魯德特的心理防備，而且我要在對方沒有心理防備的時候，搶占先機。」埃克斯進一步認為，克魯德特極有可能就是兇手的主要原因是克魯德特在警局異常冷靜的表現。根據自身多年的破案經驗以及對犯罪心理學的分析研究，埃克斯指出，只有真正的罪犯在面對警察的詢問時，才會表現得如此冷靜。因為越是害怕，他們就越會告訴自己，一定要保持高度的冷靜（這是犯罪分子普遍具有的一種很有典型性的犯罪心理）。

在釋放了克魯德特之後，埃克斯又立即派了警察二十四小時監視克魯德特的一舉一動。另一方面，埃克斯調查了克魯德特的個人檔案，然後分析克魯德特是否具有作案時間和作案動機。此時監視克魯德特的警察回來報告說，在克魯德特住的地方發現了一些假乳房模型，那些模型上還有深深淺淺的刀傷。同時，埃克斯查到，克魯德特在成為流浪漢之前，曾經有過一個女友，但由於克魯德特喜歡收集一些假乳房模型，而這種做法讓女友覺得有些變態，於是她和克魯德特提出了分手，克魯德特不同意分手，一氣之下，揮刀砍傷了女友，結果逃到了現在的城市，成了一名流浪漢。

除此之外，埃克斯還發現，克魯德特還有充分的作案時間。因此，埃克斯重新將克魯德特請到了警局。在埃克斯接連的追問和強烈的心理攻勢下，克魯德特終於無言以對，心理防線瞬間就徹底崩塌了，從而對自己所犯下的罪行供認不諱。只是，讓警方沒有想到的是，那兩起年輕女孩被殺案的確如埃克斯最初所料想的那樣，是一起連環殺人案，而兇手正是克魯德特。在第二起命案中，克魯德

特之所以沒有切割下女孩的乳房，目的就是製造一種不是連環殺人案的假象。

克魯德特在審訊將要結束的時候說：「我將對女友的恨轉移到了所有女孩身上，我恨她們，所以，在強暴她們之後，我就會把她們殺掉。」案情終於水落石出，埃克斯心中的石頭也可以落地了。

其實，CIA 經常會採用在對方還沒有心理防備或對方心理防備降低的時候，搶占先機，蒐集一切與案件相關的訊息與證據，並在審問對方的過程中，採用強烈的心理攻勢，迅速突破對方的心理防線——只要犯罪嫌疑人的心理防線徹底崩潰，那麼，他們就會主動交代出自己犯下的罪行。況且，埃克斯作為一名資深警探，又對罪犯心理有頗深的研究，他深知在審訊犯罪嫌疑人時，強烈的心理攻勢可以令真正的罪犯心理露出原型，從而交代其所犯下的罪行。

美國當代心理學家、新行為主義心理學的主要代表斯金納就曾這樣指出：「在審訊犯罪分子時，我們不光要從客觀的證據上入手，同時還要從心理上打敗他。」CIA 探員埃克斯的做法正是貫徹了這一理論。他運用罪犯本身有罪的心理，盡可能多蒐集到了對方的負面訊息，之後在審訊的時候再強而有力的攻擊，這樣就能夠快速有效攻破對方的心理防線，成功做到「遙控」對手的內心世界。

桃色新聞是撕破敵人心理的「鋒利剪刀」

在民主黨預選中，約翰·甘迺迪贏得提名幾乎是毫無懸念了。因為這次選舉是由甘迺迪的胞弟羅伯特操持，由他的父親約瑟夫贊助的。也就是說，他在這次選舉中完全可以隨心所欲，可以揮金如土。這引起了 CIA 的重視，上級馬上下令 CIA 特工全面調查甘迺迪的檔案。

對於約瑟夫·甘迺迪的名字，CIA 人員都已經耳熟能詳。他是一名商人，是一名慈善家以及一個反共的鬥士，身價高達數億美元。曾經約瑟夫用十萬美元的年薪邀請 FBI 局長胡佛負責甘迺迪家族的安全工作，雖然遭到了拒絕，但是這兩個人之間的友誼並沒有因此而受到任何影響。

羅伯特·甘迺迪在一九五七年到一九五九年間擔任參議院反欺詐委員會的首席詢問員。在該職位就職期間，羅伯特在聽證會上曾經與芝加哥的黑幫頭目，人稱「薩姆」的默默·薩爾瓦多·吉安卡納展開了激烈的交鋒。羅伯特在聽證會上總是一副咄咄逼人的氣勢。很多人都認為，總有一天，羅伯特會因為缺乏經驗和不夠冷靜而遇到挫折。

關於約翰·F.甘迺迪，在聯邦調查局中有一份長達九頁的報告，極其詳細記錄了他過去的經歷。報告中提到了約翰的一些「不雅之舉」，明白點說就是桃色新聞。比如，一代豔星瑪麗蓮·夢露的突然猝死，原因眾說紛紜，而在當時，夢露與甘迺迪的關係看起來更是撲朔迷離。

後來，美國的一家媒體爆出驚天內幕，稱在他們手中有錄音

帶，能證明夢露並不是自殺，而是死於她與甘迺迪和羅伯特之間的關係。甘迺迪與羅伯特擔心夢露公開他們之間的關係，因此對她痛下殺手，然後再布置成自殺的樣子。該媒體稱，他們手中有一盒長達兩小時的錄音帶，是由夢露的朋友卡爾波齊提供的，它能證明夢露是死於謀殺。

卡爾波齊曾經幫夢露寫過自傳，兩個人是很好的朋友。他說，夢露在死前的一個月時，曾經打電話給自己，當時夢露顯得很高興，並說有一天，會讓他寫自己的真實故事。但是讓卡爾波齊沒想到的是，一個月後，夢露就被發現自殺在好萊塢的寓所內。

卡爾波齊不相信夢露會自殺，因此他展開了調查。經過十年的調查，卡爾波齊認為，夢露的死是一場謀殺。他找到了照顧夢露的護士默里，記錄下了長達兩個小時的對話。他之所以會找默里，是因為在調查中，他發現默里在出席完夢露的葬禮之後，曾經祕密飛往甘迺迪家族的住所。因此，在一九七三年，卡爾波齊找到了默里，質問關於夢露的事情。之後，卡爾波齊在重複聽錄音之後認定，默里知道夢露的死亡，他總結，夢露是被甘迺迪與羅伯特合謀殺死的。

在西元二〇〇〇年，卡爾波齊去世，而他留下了很多關於夢露的訊息，並把它們寫成了一本名為《機密的夢露》的書。在書中，他介紹了夢露與甘迺迪、羅伯特之間的複雜關係，以及夢露死亡的真相。

他的手稿中顯示，夢露與甘迺迪在夢露死前的幾個月就結束了戀情。接下來，夢露與羅伯特的關係便十分密切，夢露甚至一直相信羅伯特會與她結婚。但是當夢露懷有羅伯特的孩子之後，羅伯特已經對夢露產生了厭煩之感，就決定要拋棄她。夢露不斷打電話給羅伯特，而為了防止自己的醜聞被曝光，所以羅伯特與甘迺迪決定殺人滅口。

　　當時夢露在無奈之下不得不墮胎，一九六二年八月，夢露打電話到甘迺迪的姐姐家中，對羅伯特的姐姐表示，想要馬上與羅伯特見面。在當時，如果夢露把自己與甘迺迪和羅伯特的戀情公開，美國人一定不會忍受他們，而甘迺迪與羅伯特的前程就會完全毀掉。當時與自己的妻子在加州渡假的羅伯特知道這件事之後，馬上坐飛機來到了姐姐家裡，為了防止夢露爆出他們的醜聞，影響甘迺迪家族的政治前程，他們決定痛下殺手，因此聚在一起商談謀殺夢露的計劃。

　　謀殺行動的執行者是夢露的心理醫生格林森，而默里表面上是照顧夢露的護士，實則就是一個監視人員——他經常把夢露的一舉一動都報告給格林森，以使他們伺機尋找最佳的下手時機。終於，在一九六二年八月四日晚上，他們找到了機會，當時夢露感覺身體不舒服，格林森就來到了夢露住的寓所，為夢露注射了一種藥物，這種藥物會與夢露日常服用的藥物產生化學反應，從而導致其死亡。並且，這樣的方式在外人看來，夢露是服食過量的藥物致死，從而讓人認為她是自殺。

　　在注射完藥物之後，格林森就離開了，之後在凌晨一點左右，護士默里發現了死在床上的夢露，然後打電話給格林森。到這裡，謀殺已經成功了一半，接下來就是清理現場了。羅伯特的姐夫負責了這一項工作，他把夢露公寓中關於甘迺迪兄弟的一切都銷毀了，並把現場布置成自殺的樣子。到了凌晨四點，夢露的死訊由夢露的一位私人醫生傳達給警方。當時警察來到夢露家時，曾經看到格林森臉上有很得意的笑容，並且他一直神色古怪。

　　其實，夢露的死亡遠沒有這麼簡單。當時外界盛傳羅伯特與夢露關係密切，經常把一些祕密透露給夢露。而夢露會把這些祕密告訴當時的另外一個影星辛納屈，辛納屈再把這些轉告給黑手黨的人。從另一個角度來講，夢露是黑手黨用來控制甘迺迪的一個工

具，他們想用美色來讓甘迺迪聽話，就像現在的權色交易一樣，用很多工具記錄下不雅的照片或者影片，然後作為威脅對方的工具，他們因此舉行了一個性愛派對，邀請甘迺迪兄弟參加，但是黑手黨人忽略了一個問題，就是在這之前，夢露與甘迺迪早就已經認識，並且還愛上了對方。

在甘迺迪擔任國會議員的時候，他們就已經認識了，但是被世人知道是在一九六一年甘迺迪的妹夫舉辦的一次晚會上，當時甘迺迪的妻子外出渡假，夢露與甘迺迪之間便產生了激情，當時他們調情的場面被私家偵探安裝在那裡的監視設備記錄了下來，而且當時兩個人還談到了國家機密。之後，兩個人的關係更加密切，夢露經常裝扮成甘迺迪的祕書混進白宮，也經常打電話到甘迺迪的辦公室。開始時甘迺迪很享受這種熱情，但是時間長了，甘迺迪就無法忍受了，於是他開始冷落夢露。而夢露在受到甘迺迪的冷落之後，轉而投進了羅伯特的懷中。

一九六二年七月，特工們呈上了一份報告，報告中指出，夢露曾經在與甘迺迪的談話中問了很多重要的問題，而甘迺迪也一一回答了，這些私密的問題被懷疑由夢露傳到了黑手黨的耳中。之後，甘迺迪兄弟二人同時與夢露斷絕來往。當時夢露就意識到自己已經面臨危險了，曾經還絕望打電話給自己的朋友西德尼·吉拉羅夫，說她知道一些不該知道的祕密。幾天之後，夢露就被發現自殺在自己的公寓中，而讓人覺得巧合的是，夢露一直以來用的日記本也神祕消失了。

其實，夢露只是一個犧牲品而已，甘迺迪在參加總統競選的時候，為了保證自己能當選，就利用黑手黨的勢力控制大選的局面，而當時的交換條件是，在他做了總統之後，不能追究黑手黨的犯罪事實。然而，甘迺迪沒有履行承諾，在他成為總統之後，就下令對黑手黨實施了嚴厲的打擊，這讓黑手黨人很是惱火，因此決定報復

甘迺迪，於是就有了性愛派對，想要用桃色新聞來報復甘迺迪，只是他們錯算了夢露對甘迺迪的感情。

　　性醜聞一直是各國政要間經常上演的戲碼，多米尼克‧斯特勞斯‧卡恩、施瓦辛格、貝盧斯科尼，都曾惹上過性醜聞，而在風雲變幻的政壇裡，各國政要的緋聞一向最有看點。只是，不同國家對大人物性醜聞的容忍度有所不同。據觀察，美國從一九二〇年代以來，有二十多名政治家因為性醜聞斷送了自己的政治生涯，而這也使得挖出性醜聞成為極具殺傷力的武器。美國歷史上，因為桃色新聞失去選民支持的例子數不勝數。正是因為桃色新聞在美國的影響力很大，所以 CIA 認為，要想打擊對手，桃色新聞是最有效的方法之一。

藉用眾人之口作為刺破對手心理傷疤的「鋒利尖刀」

　　瘋人院是一個很有意思的地方，每天這裡都會發生很多奇怪的事情，而裡面幾乎所有的病人都會告訴你：「我沒病，是有人要害我，他們合謀把我送到這裡來的。」就像被關在監獄中的每個人都會說自己沒罪一樣。更為離奇的是，還有精神病院被曾經治療過的病人告上法庭的事情。因為這個病人根本就沒病，但卻被自己的前夫送進精神病院住了半年之久。這就引出了到底該如何判定精神病的問題。

　　的確，這在精神學上是一個難題，因為它不像其他的病症，能透過數據顯示出來。通常，這類疾病的判斷完全是憑藉醫生的經驗來判斷的。試想一下，如果你周圍的所有人都告訴你，你腦子中的事情從來都沒有發生過，告訴你你的名字不是這個，你的真實身分是什麼。之後，再把你送到瘋人院，告訴醫生，他們是你的親人、朋友、鄰居，說你不正常，而這時候即使你竭力掙扎，想告訴別人你沒有病，但是卻沒有人會信。只要你進了瘋人院，在別人眼中，你就是不正常的。在現實生活中，別人都說你有病，你就是有病，這就叫做人言可畏，眾口鑠金。

　　生活中有很多這樣的例子，比如曾經有一個相貌醜陋的男人，他的妻子對他一直心懷不滿，但是還想要他的財產。後來他的妻子聯合很多人，陷害他有精神方面的疾病，把他關進了瘋人院。醫生

聽他的妻子以及他的朋友的敘述，斷定他有精神方面的疾病，讓他留院治療。在精神病院吃了一段時間的藥物後，他雖然變得精神恍惚，但是在這一段時間之內，他還是一再向醫生重申他是正常人。還好，醫生經過這段時間與他接觸，判斷出他是正常人，讓他停用了藥物，讓其親人將其接了出去。

　　一個人說的謊言沒有人相信，但是說的人多了，就會變成真理。這是現實中真實存在的現象。社會人類學家、英國牛津社會問題研究中心董事 KateFox 曾經說過：「人們在網路中、在平時交談中散播的流言蜚語，就像黑猩猩與大猩猩之間相互梳毛一樣正常。」他還說，在人們的日常生活中，有超過一半以上的傳言都是謊言。那麼按照這位學者的說法，我們每一天都處於謊言與流言中，這些流言不僅能影響你的心情，有時候甚至能完全改變你的生活。也就是說，這些流言如果你運用得當，就能產生你希望的結果。而 CIA 特工們就十分善於運用這種方法來抓捕罪犯。

　　威爾斯是一名參加過越南戰爭的士兵，他在戰爭中不小心踩到了地雷，失去了一條手臂和一條腿。回到美國之後，他沒有回家，而是參與了一些恐怖分子的行動，這實在有些讓人難以理解——曾經是一個保衛國家的戰士，現在為什麼要參加這樣的組織呢？其實換個角度來看，威爾斯的思想就很好理解了。

　　威爾斯的父母已經年邁，只有他這麼一個兒子，而在威爾斯從戰場上次來的時候，曾經打過一次電話給父母，而且正是這個電話，讓他放棄了回家的念頭，轉而成為了一名恐怖分子。

　　當時，威爾斯剛剛到達奧蘭多，就打了電話給在紐奧良市的父母，他在電話中說：「親愛的爸爸媽媽，感謝上帝，我還能站在這裡

打電話給你們，我已經到達奧蘭多的軍事基地了，馬上就能回家與你們團聚了。」

父親接到電話很高興，他說：「親愛的孩子，我們很高興聽到你要回來的消息，我跟你媽媽都高興壞了，我們想死你了，上帝一定是聽到了我們的禱告，才讓你平安回來了。」

威爾斯沉默了一會，說：「不過，親愛的爸爸媽媽，我還有件事情要告訴你們，一個在戰爭中與我關係最好的戰友不小心受了重傷，他很不幸踩到了地雷，但幸運的是他保住了自己的性命，只是失去了一條手臂與一條腿。現在他沒有地方可以去，我希望我能把他帶回家，與我們一起生活，你們會拒絕嗎？」

「孩子，聽到這樣的事情我表示很遺憾，你知道的，我與你母親年紀都很大了，都有很嚴重的關節炎，並且有高血壓。他的遭遇讓人很同情，我們能給他很多的幫助，比如幫他找一個住的地方，但是與我們一起生活的想法還是打消吧，畢竟他是個重度殘疾人，這會給我們的生活帶來很大的不便。」父親拒絕了威爾斯的請求。

威爾斯試圖說服他的父親，他說：「但是，爸爸，如果不是他踩到了那個地雷，最後踩到地雷的人就會是我，他是我生死與共的戰友啊，如果沒有他，我絕對不可能活著回來。我還是希望你們能接受他，讓他與我們一起生活。」

「孩子，你聽我說，我們都很同情他，也很感謝他，但是，我們還有自己的生活，你應該知道，這樣一個重度殘疾的人會帶給我們的生活怎樣的麻煩，他會成為我們生活中的沉重負擔，因此，威爾斯，我們不能讓他與我們生活在一起。」

「不，爸爸，你們真的是這樣決定的嗎？」威爾斯在電話那一端突然放聲大哭。

接下來，威爾斯的爸爸說了一些安慰的話，但他仍然不同意威

爾斯讓他的殘疾戰友與他們一家人一起生活。這讓威爾斯絕望了，他沒有等父親的話說完，就掛斷了電話。在那之後，威爾斯的父母就再也沒有得到兒子的任何消息，而直到後來 CIA 放出消息，他們才再一次知道了兒子的行蹤。

CIA 經過調查，知道了最近在奧蘭多的一些恐怖行為都是威爾斯所為，而他們又大致了解了威爾斯從一名戰士變為恐怖分子的過程，於是決定使用心理戰術讓他自行來認罪。針對這樣的情況，CIA 認為，可以利用輿論來從側面勸他回頭。於是，CIA 向外散布他的相關消息，尤其是在他父母居住的紐奧良市。CIA 放出他從一名戰士變成恐怖分子的訊息後，一時間，各大網站以及新聞中都頻頻出現關於威爾斯的報導，以致社會輿論開始譴責威爾斯。

這時候，躲在暗處的威爾斯受到社會輿論的壓力，突然覺得自己犯了很嚴重的錯誤。尤其是在有些好事人找到他父母之後，他更加覺得自己大錯特錯了。而他的父母的生活為此也受到了很大的影響，因為直到這時，他的父母才知道，原來當初威爾斯所說的戰友其實就是他自己，而正是因為自己的拒絕，才讓威爾斯走上了這條道路。他的父母對此很內疚，經常在網上發一些文章勸自己的兒子回來認罪，並表示不管他變成什麼樣子，父母都會接受他。而社會上眾人的輿論則慢慢從斥責他演變成排擠他的父母。這帶給他父母的生活巨大的影響，再加上媒體的不斷報導，讓威爾斯越發感到不安。

CIA 認為，按照這樣的情況發展下去，用不了多久，威爾斯就會主動找警方認罪。果不其然，威爾斯因承受不住眾人的輿論，終於選擇自行來到警察局認罪。顯然，這就是流言的威力，也是眾人之口的能力。

換位博弈思考：探求對方真實心理意圖的最佳策略

　　「我知道你在想什麼！」這是 CIA 探員們經常掛在嘴邊的一句話，而不管是在生活中還是在審問嫌疑人的時候，CIA 總是能夠快速透過換位博弈的方式來思考問題，從而找到問題的答案和揭露嫌疑人的謊言。而事實證明，CIA 探員之所以會經常這樣，不是因為 CIA 在吹噓自己，而是他們確實有壓倒一切的這種資本，尤其是在謊言面前，他們從不畏懼，因為他們已經習慣用博弈的方式來識破謊言和騙局了。

　　CIA 在與別人說話的時候往往會很注意說話者的語言風格所表現出來的人物特點，而根據這些特點，CIA 探員就能夠快速轉換方位，站在對方的立場想他下一步將要幹什麼，其內心在想些什麼。這就是 CIA 之所以能夠輕易說出那句「我知道你在想什麼」的話來的真正原因。

　　CIA 情報部門的高級心理分析師埃里克·費希特認為，在謊言面前，博弈是一種非常強大的心理進攻方式，而其中的換位博弈更是讓人們驚訝。換位博弈，實際上就是以對方的心理狀態想問題，而這樣一來，識破對方的謊言就容易多了。

　　換位博弈的方式在 CIA 探員身上主要體現在透過對方說話表達出的訊息「進入」對方的心理，了解到對方是怎樣的人，站在對方的角度上應該怎樣想問題，對方下一步打算是什

麼，等等，而知道了這些，對方的謊言和騙局就會不攻自破。

眾所周知，每個人的談吐不同，這主要是因為人們受過的教育和生長環境的不同造成的。CIA 測謊專家稱，要想知道對方是否在說謊，就要和對方先交流，而在交流中運用換位博弈的方法，就能知道對方心裡在想什麼，這樣一來，對方的謊言和騙局你自然就能瞭如指掌。在與人交流時需注意以下幾點。

(1) 善於說恭維話的人

CIA 探員們在與很多人交流的時候發現很多善於講恭維話的人，往往有著很好的洞察力，能輕易就察覺到別人的內心，然後投其所好，贏得別人的好感。CIA 在與這樣的人打交道的時候，往往能夠透過這類人的特點知道對方在想什麼。因為這樣的人大都隨機應變的能力強，而且在為人處世方面都做得很好，表面上很輕易就向別人妥協，但是內心卻十分有主見和強大，尤其是在遇到關鍵問題的時候，這樣的人往往就會選擇用謊言來欺騙別人，從而達到自己的目的。

(2) 給人印象很有禮貌的人

這樣的人往往在與別人交流的時候很有禮貌。而禮貌的人在 CIA 的眼中大都是非常讓人尊敬和感覺親切的人。CIA 的探員們通常會認為，這樣的人很會為別人著想。所以在 CIA 探員看來，這樣的人說的謊話也大都是善意的謊言。比如，CIA 探員弗蘭西斯曾經在一個宴會中遇到一位溫婉儒雅的男士，當時弗蘭西斯與這位男士在二樓洗手間的門廊裡遇到，弗蘭西斯看到這位男士在樓梯處遇到了一位倉皇上樓的女士，該

男士出於禮貌詢問有沒有需要幫忙的地方，這位女士不好意思的向男士展示了自己破了的絲襪，於是男士非常禮貌的將女士帶到了拐角處的一個房間裡。很快，男士出來回到了大廳裡，這時男士的女伴挽著男士問：「你怎麼去了那麼久？」男士很友好的說了句：「抱歉，讓你久等。我剛剛在洗手間抽了根菸。」弗蘭西斯看到這一幕在旁邊微笑了一下。其實，弗蘭西斯從心裡早已經知道這位男士一定會對自己的女伴說謊，但這顯然是一個非常善意的謊言。

（3）有的人在說話的時候喜歡旁敲側擊

CIA 探員認為這樣的人雖然在與之交流的時候大多比較熱情和親切，喜歡旁敲側擊詢問些什麼，但是這樣的人卻是比較圓滑和世故的人，CIA 探員認為這樣的人最容易說謊，而且也很難向別人吐露自己的真心話。

（4）善於傾聽的人，內心的心思一定是縝密的

CIA 透過多年的辦案和調查總結出來的經驗得知，一個習慣和善於傾聽別人說話的人，一定是一個心思縝密且思維敏捷的人。這種人在說謊的時候往往會很有說服力，他們會經過嚴密的思維和斟酌，將謊言和騙局編織得讓普通人難以看出。這樣的人在 CIA 探員的眼中是最難對付的。雖然 CIA 探員在與別人交流的時候通常會讓對方開口說話，然後從說話的內容中找到線索，從而識破其謊言，但是這種人卻很難開口說話，因為他們更善於聆聽。這也就是說，要想讀懂這類人的心思絕對不是一件簡單的事情。而換位博弈的方法針對這樣的人似乎更

為合適。因而，遇到這樣的對手時，CIA 會讓自己站在對方的角度上想問題，然後透過這類人的性格思考對方的內心，用這類人對待事情的方式來對待別人，以此來得出這類人在說話的時候心裡是怎麼想的，從而就能夠知道其話語裡有沒有謊言。探員們在審問這樣的人很長時間而得不到任何訊息的時候，往往就會利用這種換位博弈的方法來判斷出對方的謊言所在。探員會將想要問的問題羅列出來，然後根據這些問題思考如果是對方他該怎樣回答，對方在聆聽的時候會想些什麼，利用這些想法如何編織下一個謊言，等等。這樣的方式就是換位博弈，透過這樣的方式，再加上 CIA 探員們那強大的心理攻心術就很容易識破對方的謊言。

（5）在交流的時候喜歡賣弄的人，屬於自我意識強的人

CIA 的測謊專家認為，這樣的人在生活中經常自以為是，而且這樣的人為了讓別人欣賞自己會經常使用謊言來美化和提升自己，但這種人的謊言在 CIA 探員這裡很容易就能被一眼識破。

「我知道你在想什麼。」當 CIA 探員向犯罪嫌疑人說出這樣的話語時，嫌疑人總是會很害怕，即使是他知道警察還沒有找到證據，內心裡還是會產生不安和緊張，而當 CIA 警察再接著說出「我知道，你下一步的打算是……」的時候，犯罪嫌疑人往往就會在很多地方露出馬腳，包括神情、動作、說話方式和語氣等，而這些都是謊言即將被揭穿時的表現，這樣的人往往就會因為招抵不上心理上的壓力而將全部實情說出，而謊言和騙局也會因此土崩瓦解。

換位博弈思考，讓自己走進對方的內心，了解對方是一個什麼樣的人，知道對方的所知所想，這樣就能夠讓自己成為一位像 CIA 一樣的識破謊言的高手。

恩威並施，CIA 挫敗對手的最佳方法

　　通常，美國警察在和自己的對手周旋的時候，都會使用迂迴戰術，而這種戰術的核心就在於，胡蘿蔔加大棒，打一巴掌再賞一顆甜棗，其目的就是讓對方心悅誠服依從在自己的腳下。實際上，在人們的日常生活中，這種震懾他人的手段也是隨處可見的，只不過在美國警察手中，他們將「恩威並施」的手段發揮到了極致，更能讓人感到折服罷了。

　　一九九五年九月二十九日，美國洛杉磯消防局接到消息說，范奈斯醫院附近發生了一起火災，起火的是一輛小轎車。洛杉磯地方警察隨後也趕到了現場，在對現場的勘查中，警察只發現了車上有一名女性死者，但是當時她已經被大火燒得面目全非了。

　　很快，負責調查本次案件的麥克·拉塞警官就確認，這不是一起普通的火災，因為在屍檢報告中明確顯示出，死者的鼻孔、肺腔內都沒有煙灰的痕跡，那麼這就說明在這輛車起火之前她就已經死亡了。種種跡象都表明，這是一場蓄意謀殺案，兇手試圖在作案之後銷毀現場！

　　透過對部分物證的還原，警察確認，這名死者名叫埃莉諾拉·利曼。是一名已婚婦女，同時她還是三個孩子的媽媽。於是，艾莉諾拉的丈夫就成了首先被警方懷疑的人。

　　拉塞首先審訊了艾莉諾拉的丈夫維吉尼亞·利曼，因為有證據顯

示，在埃利諾拉死之前，維吉尼亞曾經和她發生過爭吵，而沒過多久埃莉諾拉就被殺害了。

但是很快，維吉尼亞的嫌疑就被警方排除了——在艾莉諾拉被害的那段時間，維吉尼亞擁有充分的不在場證明。隨後，又有一位叫做格倫·羅傑斯的人進入了警察的視線。據目擊者稱，艾利諾拉當時情緒非常不好，她喝了很多酒，隨後就和一名叫做羅傑斯的人一同開車離去了。但是，當警察趕到羅傑斯的住所時，嫌疑人早已聞風而逃了。拉塞在無奈之下，只好申請了通緝令，在加利福尼亞境內全面搜捕疑犯。

「一開始我們沒有把事情想像得那麼壞，因為在洛杉磯，像這樣的惡性謀殺案件並不少見。可是，當另一起惡性案件爆發出來的時候，我們又不得不將注意力轉移到其他地方，」拉塞說，「事實證明，我們沒有馬上將這個惡魔揪出來真的是一個天大的錯誤，他真的是一個狡猾透頂的連環殺手。」

在這一年的十一月，和加利福尼亞毗鄰的幾個州，都出現了已婚婦女被害的案子，而警方將所有案子的懷疑目標都指向了格倫·羅傑斯！首先是密西西比州傑克森市的瑪爾維亞·沃斯，她被害的時間是十一月三日；其次是佛羅里達州的瑪麗·蒂娜，她遭遇不測的時間是十一月六日；接下來是路易斯安那州波歇爾市的安迪·薩頓，她被人殺死在了自己居住的公寓裡，而案發時間則是十一月十日。

「很顯然，兇手是一個十分自負且狂妄的傢伙，」拉塞說，「他對聯邦法律有過細緻的研究，他明白，只要作案之後逃竄到另外一個州，警察就不能把他怎麼樣了。因為州長簽發的通緝令只能在自己所管轄的州內有效，一旦罪犯逃到其他州去，想要把他抓回來，就要花費很大工夫了。」

在蒂娜的案子當中，拉塞還發現，罪犯曾經試圖透過清水來銷毀證據——蒂娜被殺害之後，她的屍體被人拖到了浴缸當中，而種種跡象都顯示，兇手曾用浴室當中的毛巾來擦洗現場的血跡。羅傑斯和蒂娜私會的地點是一家旅社，他在房門外掛了一張「請勿打

擾」的牌子，在將蒂娜殺害之後，羅傑斯還專門又將房間的費用續了一天，但是之後他就離開了。直到第三天該退房的時候，旅店老闆見沒人前來退房，才不得不打開了房門。蒂娜是在十一月六日被害的，而警方接到報案已經是八日的正午了，這自然使警察的調查取證產生了很大的麻煩。

綜合以上因素考慮，拉塞認定，羅傑斯並不是一名「精神錯亂的殺人犯」，因為他知道在殺人之後要銷毀證據、延誤報案時間。同時，一連串的流竄作案也引起了 CIA 的注意，CIA 犯罪行為學專家馬克·詹姆斯指出，羅傑斯是一名帶有戀母情結的罪犯，他在殺人的時候喜歡選擇已婚媽媽作為實施犯罪的目標，因為他能夠從虐待這些人身上獲得快感。

「我推測，或許他的童年過得非常不幸，他渴望得到母愛，但同時又對那些擁有母愛的孩子充滿了仇恨，」詹姆斯說，「當然，這僅僅是一個猜想，在沒有抓住他本人之前，我們很難給出一個確定的答案。」

在 FBI 特工的幫助之下，拉塞終於抓住了羅傑斯，他當時已經逃到了肯塔基州。但是，幸好警方當時在路面上設置了障礙，並且朝著羅傑斯的汽車輪胎開槍。之後，羅傑斯見大勢已去，於是他識趣的從汽車當中鑽了出來，跟隨著拉塞回到了警察局。

當然，像羅傑斯這樣狡猾的罪犯是不會輕易向警方投降的，他一開始聲稱要起訴警察「無故射擊他的轎車」，隨後又開始裝瘋，說自己是因為飽受精神疾病的困擾之後才犯下這一系列罪行的。

「羅傑斯的嘴很硬，他以為所有的警察都是飯桶，他可以很容易的欺騙我們，」拉塞說，「他以為自己已經銷毀了所有的證據，沒有人能把他怎麼樣，但事實證明，他是錯誤的。」

在這樣的情況下，如何讓羅傑斯開口就成了當務之急。為了讓

這個殺人兇手盡快供述出自己的罪行，拉塞開始了自己周密的計劃。

開始的時候，雖然洛杉磯地方警署對羅傑斯相當嚴厲的審訊了，但是卻未審訊出理想的結果。隨後，拉塞替換下了最初的審訊者，他一改從前的冷酷，開始不斷向對方吹暖風：「以你的能力，聯邦法院沒有為你找到一個職位，真是他們的失職啊。」

「這是什麼意思？」

「沒有什麼，只是從你起訴警方射擊你的轎車當中可以看出來，你對聯邦法律有十分深入的研究。在現在這個社會，已經很少有人有這個意識了，不是嗎？」

羅傑斯得意的看了拉塞一眼，然後說：「不要覺得我們老百姓都是笨蛋。」

「你說得對極了，」拉塞說，「跟我聊聊吧，據我所知你現在並沒有在法律部門工作，這是為什麼，他們不要你，還是你看不上他們？」

聽到這樣的話，羅傑斯輕蔑說了一句：「法院就像狗屎一樣，還有陪審團，這些人愚蠢透頂，自己什麼都不懂，卻還試圖左右案件的審判……對了，還有立法者，他們也是渾蛋，要一幫不懂法律的人陪審，簡直沒有比這更糟糕的事情了。」

羅傑斯絮絮叨叨說了一大堆，而拉塞則在一邊陪同他聊了半天，同時還不住低頭表示贊同：「確實，現在我也覺得很遺憾，跟我談談吧，如果從這裡出去，你會做些什麼呢？」

「得了吧，你們快點把我放出去，我再也不要回到這裡來了。我要去找一個孤島，就只有我自己一個人，讓自己過得舒舒服服的。」

「嗯，確實如此，其實很多人都不配分享你創造財富的權利，他們只會拖你的後腿。」

聽到這樣的話，羅傑斯馬上說：「那倒也不全是這樣，我認為你還是一個值得相處的人，因為你很善於發現其他人的優點。放心吧，我是不會忘記你的，現在你寫下你的聯繫方式給我，我確定你會在未來受益良多的……對了警官，我什麼時候可以離開這裡？」

拉塞馬上換了一副嚴肅的面孔對羅傑斯說：「可是，現在的情況對你很不利，因為你現在擁有四項謀殺指控，而且警方都已經掌握了非常有力的證據。」

羅傑斯的臉色稍稍變了一點，他說道：「我絕對是清白的，你們不能冤枉好人！」

拉塞馬上反擊道：「在埃莉諾拉·利曼的屍體上，我們找到了你的精液；在瑪爾維亞·沃斯的房間裡提取到了你的指紋；在瑪麗·蒂娜的屍體下面壓著你的一塊手錶，而安迪·薩頓的鄰居和親友則都指證了你和死者之間的關係。」

「這純屬汙衊，」羅傑斯說，「你們怎麼能夠聽一幫傻瓜胡說呢！」

「好了，格倫·羅傑斯先生，現在我可以非常負責任告訴你，我們現在不光掌握了能證明你犯下了一系列罪行的很多物證，同時也找到了二十五名目擊證人！」拉塞說，「我不知道你現在還在偽裝些什麼？」

聽到這樣的話之後，羅傑斯的臉色變得更難看了，他拒絕再和拉塞交流下去，他表示要等到自己的律師到來之後再說話。

「怎麼？現在感覺到害怕了嗎？你當時既然敢動手，為什麼現在卻不敢承認？」拉塞憤怒衝他喊道，「你這個懦夫，你害死了十一個孩子的母親，你現在居然還渴望自己能夠得到憐憫？」

羅傑斯的嘴唇抖動著，說：「或許，你應該發現，我的神經出

了問題，我根本沒有辦法控制自己。請相信我，我是一個間歇性精神病患者，所以我認為你說的那些案子是有可能發生的，但是我現在確實記不清楚，自己是不是幹過什麼壞事了。我可以說這些事情有，但同時也可以說它們沒有，你明白我的意思嗎？」

「得了吧，不要妄圖愚弄警察了，你以為別人都像你想像當中的那麼白痴嗎？在這幾次案件當中，你都表現出了正常人才有的舉動——銷毀證據！」

聽到這樣的話之後，羅傑斯更加驚呆了：「我希望你說的每一句話都是有證據的。」

而在隨後的一段時間裡，拉塞警官開始了自己的利誘，他對羅傑斯說：「聽著，我個人是非常希望殺人犯能夠受到嚴厲懲罰的，但是現在我的職責告訴自己，你有權利知道這一件事情，那就是如果選擇和警方合作，你就會得到適度減刑，洛杉磯的法官歷來對於犯罪者都會手下留情……當然，我們也可以把你轉交給密西西比州、佛羅里達州，或者是路易斯安那州，他們會對你進行怎樣的審判，那我就不得而知了，但是我敢肯定，情況肯定是和現在大不相同的。」

「你願意幫助我嗎？」羅傑斯問了一句。

「我不願意，但這是我的職責。」拉塞說。

經過一番思索之後，羅傑斯終於向警方坦白了，他殺害這些女子的原因和 CIA 專家推斷的一模一樣。羅傑斯自幼是跟隨母親長大的，他的童年極度缺乏父愛，所以這就導致了羅傑斯在長大之後依然不能擺脫自己對母親的依戀。這種病態的心理讓他對那些生過孩子的女性非常痴迷，而為了能夠完全占有這些人，他就將她們逐一殺害了。

這樣，拉塞成功迫使罪犯向自己坦白了罪行。而能夠取得

這場「戰爭」最終勝利的關鍵因素就在於，在對羅傑斯的審訊期間，拉塞使用了胡蘿蔔加大棒式的交流方法。

顯然，在雙方的試探階段，拉塞採取了適度拉攏對方的心理戰術。他先是透過誇讚和附和來獲取對方對自己的好感，這種做法很顯然能夠得到對方的認同——羅傑斯隨後放鬆了自己的心理戒備，表示願意和拉塞交流。在這個世界上，又有幾個人不喜歡聽好話呢？看到有人如此讚賞自己的才華，羅傑斯漸漸就放鬆了自己的警惕，開始誇誇其談起來。而在這一個過程當中，可以說拉塞是給足了對方「紅棗」。如果再深入一步去看，就可以發現，實際上羅傑斯在這個時候也是希望能夠拉攏警察的，因為他同樣也讚美了拉塞，並且表示願意和對方分享好處。

隨後，兩人的談話就轉向了殘酷的攻防階段，拉塞在給足了對方「紅棗」之後，便將此時警方掌握的證據和盤托出，這等於是給了羅傑斯當頭一棒。在猛烈的攻勢之下，嫌疑人的心理防線被壓得越來越低，直至崩潰，最終不得不向警方繳械投降。

在這次談話的最後，拉塞又為對方送上了「紅棗」，他不斷向對方「透露」警方的內部消息，以便讓羅傑斯對自己感恩戴德。實際上，只要和警察合作，就能夠得到許多好處，這一點是所有人都知道的。但是無論如何，只有將這些話說出來，才能使對方真切感受到警察對自己的「關愛」。可以說，在這一點上，拉塞做得非常出色——儘管羅傑斯最後還是沒能逃過一死，但是他對拉塞還是非常敬服的，以致在坐上電椅之前，

他還專門寫了一封信給對方，吐露了自己的感激之情。

從時間上趕超對方：CIA 認為，時間是決定成敗的「生死線」

　　「時間是決定成敗的『生死線』，如果在與時間的賽跑中你慢了一個節拍，那麼後果將不堪設想。」每當聽到這句讓人產生緊迫感的話語時，CIA 特工便清楚記起在接受培訓時曾聽到的一個關於時間管理的實戰案例。

　　一九六六年的一個冬天，美國華盛頓國際機場二十八號停機坪下聚集了大量警力——警察將一架還未起飛的波音客機團團圍住，經過十五分鐘的排查後，成功制止了一起飛機爆炸案的發生。原來在這架飛往加拿大的國際航班上，空姐在洗手間的一個角落裡發現了一個黑色金屬物體，隨即便將這一發現報告給機長。機長判斷，這很可能是個危險的爆炸裝置，因此他直接打電話給 CIA 總部，尋求幫助。CIA 總部的相關人員在聽完機長的敘述後，意識到了事態的嚴重性，於是他們透過衛星定位系統以及衛星電話將這一緊急情況告訴了正在華盛頓國際機場巡邏的特工。巡邏的特工在接到命令之後，馬上就帶著炸彈檢測裝置火速趕到這架飛機上，對黑色可疑金屬物體進行排查。與此同時，機長還聯繫了機場附近的警察局和消防局等部門。

　　經驗豐富的 CIA 經過排查，確定了黑色金屬物體是一枚具有五噸 TNT 爆炸威力的定時炸彈，這致使在場的所有人不由驚出一身冷汗。當 CIA 看到定時炸彈上出現十五分鐘倒計時之時，更是感覺到了事態的嚴重性，同時也意識到這是一起人為炸機案。當 CIA 想拆除爆炸裝置時，卻遇到了意想不到的困難——原來這枚定時炸彈被緊緊放置在洗手間角落的消防器材上，而消防器材是固定在機體上

的，一時間根本很難拔出。當倒計時跳到十三分鐘時，CIA 透過對講機呼叫了機場的消防隊員，讓其協助取走定時炸彈。經驗豐富的消防隊員用專業的器材透過扭轉消防器材的螺絲釘緩慢將其從機體內拔出。此時，時間已經過去了八分鐘，距離炸彈爆炸還有不到七分鐘的時間。CIA 將定時炸彈小心翼翼拿到事先準備的防爆車上，並迅速將車開出機場，此時時間只剩下不到四分鐘。隨後，CIA 熟練的將引爆裝置取出，並謹慎剪斷了連接引爆裝置的引線，成功對定時炸彈實施了分解，最終確保了飛機的安全。

事後，CIA 調查得知，實施飛機爆炸案未遂的犯罪嫌疑人是名反美人士，他事先將準備好的定時炸彈放在手提包中，然後在沒有人注意的情況下在飛機洗手間的一個角落裡安裝了定時炸彈，並將炸彈引爆的時間定在飛機起飛的時間，而正當這名嫌疑人認為萬事大吉之時，卻被空姐及時發現，並在 CIA 和其他人員的配合下，成功將其破除，最終確保了飛機和乘客的安全。

一位參與拆解炸彈的 CIA 負責人事後曾心有餘悸這樣說道：「如果我們拆解炸彈的速度緩慢的話，將會出現極其嚴重的後果！好在我們有嚴格的時間概念。」從他的這些話中可以看出，嚴格的時間概念是 CIA 成功破除炸彈的關鍵因素，同時也折射出了 CIA 在本案中運用時間管理的縮影。

本案中 CIA 對時間的態度是，接到命令後要火速行動。因為很多時候，接到命令能否立即趕往案發現場將決定著一起案件偵辦的成與敗，同時，也是時間管理實施的好與壞的體現。根據國際上一家研究公司的調查，世界上每天都會發生刑事案件，而在刑事案件發生時能否最快趕往事發現場關乎刑事案件是否能順利調查。也就是說，如果警察能及時趕往事發地點處置案件的話，就可以最大限度阻止犯罪活動的發生；而如

果警察沒有時間概念，在罪犯得逞後一段時間內才趕往案發現場，不僅會讓犯罪分子逃之夭夭，還會讓受害者蒙受巨大的損失。可以看出，這就是時間管理帶來的直接效果。

CIA 總部接到機長打來的求助電話後，為了不耽誤解決問題的時間，透過先進的衛星電話和定位系統將這一情況及時回應給距離華盛頓國際機場最近的特工，以便讓他們第一時間趕往事發地，為拆解炸彈提供充足的時間。事實上，CIA 就是透過火速的出警速度，以及對時間的管理等方面，為拆解炸彈爭取了相當充足的時間。

CIA 運用時間管理的策略是：爭分奪秒，學會和其他人有效配合。在本案中，當 CIA 排查出黑色物體是定時炸彈時，想到了要及時拆除，但在拆除過程中遇到意想不到的麻煩後，為了節省後續工作時間，與消防隊員配合，從而成功將定時炸彈分離，而這無疑為此後的拆解工作提供了時間保障。可以說，這是 CIA 運用時間管理的一個縮影。試想，如果 CIA 沒有時間概念，沒有將問題與其他人一同配合著解決的話，就可能浪費掉寶貴的時間，而浪費時間最終將帶來可怕的後果——定時炸彈被引爆。如此一來，不僅僅會造成巨大的災難和損失，也會使得 CIA 的工作失去意義。不過，令人欣慰的是，CIA 樹立了嚴格的時間概念，為避免定時炸彈爆炸作出了必要的前提準備。

CIA 堅信，與時間賽跑，是十分必要的。「時間就是生命，提前一分鐘拆除定時炸彈，飛機和乘客就會擺脫危險的處境。而拆除的每一分每一秒都關乎生與死。」這是 CIA 參與拆

除任務的負責人說的一句話。在他看來,時間在分分秒秒流逝著,只有 CIA 與時間賽跑,才能避免不必要的損失。從本案中可以看出,當 CIA 將消防隊員拆解下來的炸彈裝置放在防爆桶中之時,為了讓爆炸遠離機場,將車迅速開出機場,這樣即使爆炸也不會造成大量的人員傷亡。當車子開到距離機場很遠的一塊空地後,CIA 又緊鑼密鼓做最後的拆解工作,最終出色完成了拆解任務,換回了乘客和飛機的安全。

由此可以看出,CIA 將時間管理看成是影響突發事件偵辦成敗的關鍵因素。也就是說,時間管理運用得好,可以有效避免突發事件的發生;而如果缺少時間管理意識,就很難應對各類突發事件。由此而言,對時間有效管理,不僅是統籌全局不可或缺的因素,還是決定成敗的「生死線」。

溝通管理術：掌控對方心理的不二法門

CIA 身為美國最讓人信任的警察以及特工組織，在美國社會上擁有著非常高的地位，而其成員們都為自己身為一個 CIA 的工作人員感到驕傲和光榮。美國著名的心理學家朱利安·泰普林曾經做過一項調查研究，在美國，有百分之六十到百分之七十的青年都想成為一名 CIA 警察。這個結果表明，CIA 擁有著巨大的魅力。可以說，魅力首先體現在管理上，而說到管理，則不能不說的就是關於 CIA 那強大的溝通管理術。由於溝通是解決任何問題的開端，也是促成任何事情的一個必要過程，因此，CIA 把溝通管理這一項看得十分重要。

眾所周知，CIA 經常會與形色各異、身分不同的人打交道，那麼在與這些人打交道的時候，CIA 自身就需要具備極強的溝通能力。一個人在溝通上如果表現得十分低弱的話，那麼在與陌生人溝通的時候就會發生衝突或者是發生一些不必要的問題，而 CIA 就不會──每個 CIA 的成員都擁有著能說會道的溝通術，尤其是在打開溝通之門的時候運用得十分巧妙，這主要是因為 CIA 在接受管理訓練的時候特別注重打開溝通之門這項訓練。其實，這個方法很簡單，也很實用，那就是用對方感興趣的話題來打開溝通之門。

CIA 特別管理訓練小組的組長喬治·霍爾特在管理自己手下人的時候曾說過這樣一句話：「要想讓對方說得更多，就必

須先要用他感興趣的話來打開你們之間的談話的門。」這句話無疑表明了 CIA 那種強有力的溝通術的來源，正是因為 CIA 抓住了對方的興趣點，溝通才得以順利進行下去。

CIA 在對員工溝通方面的訓練和管理的時候主要是根據以下幾個方面來實現的。

(1) 想要找到對方感興趣的話題，必須先要學會察言觀色

欲尋魚，先尋水，要想找到令對方感興趣的話題，首先要做的就是細心觀察。透過觀察對方的舉動和表現，甚至是心理活動，看出對方感興趣的話題是什麼。

CIA 曾經遇到過很多複雜的難題，有一次，CIA 的調查員本·休斯·漢弗萊接到上級的命令，去賓夕法尼亞州的一個小鎮上請一位早年退休的老牌偵探豪斯出山，幫助破解一宗十分複雜的案子。漢弗萊本以為這是一件輕鬆的差事，只要找到了人，說完了事情，一拍即成。可是，他沒想到這位與他平生素未謀面的老偵探卻是那麼不好對付。當漢弗萊來到住在湖邊的豪斯的面前，告訴他自己前來的目的和上級帶來的書信後，豪斯卻根本都沒有看那封信，而是把它放在桌子上，然後走到院子裡澆花去了，而這讓漢弗萊備受打擊。

漢弗萊是一位不到三十歲的青年，雖然他脾氣暴躁，但是在這個倔強的老頭面前他還是強忍住了心中的怒火。就這樣過去了三天，豪斯只是與他說幾句寒暄的話，從不多說什麼，看上去他們都是各忙各的。漢弗萊整天在豪斯的客廳裡看一些無聊的報紙雜誌，後來漢弗萊發現豪斯的客廳裡面擺得最多的就是一條漂亮的薩摩犬的照片，其中有豪斯稍年輕一些時與薩摩犬在一起的照片，而漢弗萊看到豪斯臉上的笑容是那麼開心，心中似乎明白了一些事情，於是他馬上打電話給華盛頓 CIA 總部。

第二天，漢弗萊就牽著一條跟照片上的薩摩幾乎一模一樣的薩摩犬出現在了豪斯的院子裡，而當時豪斯眼睛中立刻便溢出了晶瑩的淚水，隨後豪斯便與漢弗萊相談甚歡，並答應了漢弗萊的要求，再幫 CIA 破一次案。

　　透過這件事情，可以看出，只要細心觀察總能夠發現對方感興趣的話題，只要話題找對了，緊接著的溝通就會變得非常容易。CIA 正是因為重視這種溝通管理，強調用觀察來促進溝通的實現，這才找到了對方感興趣的話題，從而打開他們之間的溝通之門的。

（2）透過第三方來了解對方感興趣的話題

　　這也是CIA 的一種溝通術，要想發現對方感興趣的話題，有時候需要藉助別人的線索來了解。CIA 比較重視每一個警察的溝通技能，而在溝通管理中也是需要多方面訓練的，透過別人來旁敲側擊也好或者是正面詢問都能夠得出對方很多訊息，然後透過這些訊息再去與對方相互了解，就能使溝通變得容易。CIA 在與犯罪嫌疑人溝通的時候往往都是透過這個方法來進行的，尤其是在 CIA 審訊犯人的時候。CIA 的學員勞森告訴人們，在 CIA 有一項十分有意義的管理課程，就是學會與犯人交流，而其中有一課是每個人要負責一個犯人，全程審問，到最終得出真相。這個過程是每個 CIA 的新成員所必須接受的管理和訓練，主要就是訓練這些學員們的溝通能力。一般在這個過程中，學員們都會按照老師們的意見去詢問每一個跟犯人有關係的人，從他們那裡得到一些線索或者是犯人弱點的話題（這是非常重要的前提）。因為，一旦找到了關於犯人

最感興趣的那個話題，那麼就可以用這個話題輕鬆打開與犯人的溝通之門，而真相也就因此擺在眼前了。

(3) 從看似「無意」的對話中找到對方感興趣的話題，打開溝通之門

CIA 管理課程中在溝通方面的細節部分其實不少，有時候要想與對方實現進一步良好的溝通，前戲必須得做足。CIA 的探員通常在與陌生人對話的時候會有一些表面上的寒暄，其實這些寒暄並非「無意」或者是「正常」的寒暄，而是 CIA 探員有意放話或者是試探，企圖從對方的口中得到有用的線索和話題，好為日後的談話和溝通做準備。

CIA 探長巴比特·伍德手下的員工有四名主要從事外勤的探員，經常跟隨他一起出去辦案。由於巴比特是一名老牌探長，經驗非常豐富，所以有很多年輕的探員都想跟著他，而值得一提的是，巴比特這個人十分幽默卻又不失嚴肅，尤其是他在與別人溝通的時候更是令其手下佩服不已。有一次，巴比特要去拜訪一個州長，但是要見州長並不是一件容易的事情，得先要過了州長辦公室的祕書這一關。州長的祕書叫做馬爾茲·里德，是一個不好惹的傢伙，但是在巴比特看來他並不算十分強勁的對手。巴比特見到馬爾茲的時候並沒有直接提出要見州長，而是上前給了馬爾茲一個擁抱，並且說：「馬爾茲先生您好，早聽說您在國家政務廳工作，原來在這裡，恭喜恭喜啊。」馬爾茲有些搞不明白，心想自己也沒見過這個人，這個人怎麼會知道自己的名字呀！但是出於禮貌，他也回了一個擁抱，並說：「謝謝您，好久不見。」緊接著，巴比特出於紳士和禮貌遞上了自己的 CIA 證件，馬爾茲一看知道是警察，於是說：「原來是 CIA 探員光臨了，歡迎來到州政府。」巴比特用眼睛迅速掃視了馬爾茲桌子

上的擺設和布局，他發現了馬爾茲文件底下有幾張財經報紙，並且上面還用紅筆圈圈點點了很多標誌，頓時明白原來這個祕書喜歡炒股。於是，巴比特並沒有提出要見州長，而是對馬爾茲小聲說：「最近 MB 的股票漲幅不錯，我這一段時間一直在研究，我有個朋友最近買股票賺了一大筆呢，他現在都成財經專家了，我的經驗全是從他那裡得來的。」馬爾茲聽到股票的事情之後眼睛頓時發亮，與巴比特聊得也十分起勁，而看著彼此溝通得越來越好，這時，巴比特才對馬爾茲說：「我現在有點事情要見州長十分鐘，明天我再來找您，我帶我那朋友來見您如何？」馬爾茲欣然答應，並說：「探長，您這邊請……」就這樣，探長巴比特成功見到了州長。

經過 CIA 無數次的實踐證明，以上這三點是 CIA 有效溝通的重要因素，而要想打開與對方的溝通之門，就必須先要了解到對方感興趣的話題。因為只有掌握了對方的興趣愛好才能夠和對方進行更好的溝通，而這樣就能夠了解清楚對方的心理特點，從而從對方的話語中找出你想要的訊息。

讀心博弈
FBI 和 CIA 的心理攻防技巧

第七章
博弈戰中的心理陷阱──
FBI 雙雄博弈的心理戰術

博弈是指兩個人在平等的對局中利用各種優勢達到勝利的目的。其實，生活中的所有事情幾乎都可以用博弈論來解釋，大到兩國戰爭，小到夫妻吵架。FBI 特工約瑟夫·L. 斯科特曾經說過：「人們在與別人競爭的過程中，都會產生一種博弈的心理，希望自己的利益在所有人中是最大的，這就導致了一場雙雄博弈的局面，其中的勝利者一定是能夠掌握對方心理的人。」

在現實生活中，每一個人都無法躲開競爭，都不能逃開博弈，而要想保證自己在博弈中取得勝利，我們就要向那些善於競爭，善於在博弈中掌控對方心理的人學習。毫無疑問，FBI 的警員們就是我們學習的最佳人選──每一個 FBI 警員都是高明的博弈心理專家，他們知道怎樣看穿對方的心理，怎樣影響對方的心理，知道怎樣引導對方按照自己制定的路線走下去。

運用囚徒困境讓對方供出自己想要的訊息

　　囚徒困境是博弈論中的經典案例，它的精髓就在於，特定條件下，嫌疑人之間的合作會產生間隙，即便當時彼此合作才是最好的選擇。而 FBI 對於這種理論的運用是非常頻繁的，因為這種技巧的可操作性很強，只要保證囚徒之間不存在任何聯繫，再設定一套嚴格的賞罰政策就可以了。

　　一九九六年，一群情緒異常激動的美國民眾在密西西比州警察局外展開抗議示威活動，原因是密西西比州警察至今都沒有破獲發生在他們居住的社區裡的多起盜竊案，這令他們人心惶惶。的確，密西西比州警察花費了半年的時間也沒有找出任何有價值的線索，所以盜竊犯一直逍遙法外。而在重重壓力之下，密西西比州的警察只得向 FBI 求助。

　　FBI 接手案件後，首先找到了被盜的戶主，並讓他們仔細描述了被盜的物品以及一些相關訊息。根據這些戶主的描述，幾乎所有被盜的戶主週末都在外地旅遊或探親，只有工作日的時間才會回到家中。FBI 了解到這個情況後，立即派人在這個社區外暗地蹲守，並且由 FBI 二十四小時監視這個社區，特別是週末時候的監視。七天過去了，沒有絲毫發現的 FBI 依舊沒有鬆懈下來，而直到第八天的夜裡，兩個身影進入了 FBI 監視的範圍。FBI 發現兩個人進了這個社區，透過多年的經驗判斷，這兩個人極有可能就是盜竊嫌疑犯。果然，這兩個人在環顧四周之後，用隨身攜帶的工具打開了一家住戶的房門，一個進入其中，另一個在門口把風。FBI 立即出動，抓住了這兩個人。

　　回到警局之後，FBI 把這兩個人分別關在單獨的審訊間裡審問。
在 FBI 審問時，這兩個人顯然是已經對好了口供——他們堅絕不承
認自己是在盜竊，一直說自己是受朋友之托，在幫助朋友修理房

門。兩個人的口供很一致，這讓 FBI 感到有些不知所措，後來，FBI 運用囚徒困境，向這兩個嫌疑人許諾，如果他能說出對方的犯罪實情，就會被無罪釋放，並且給他一筆獎金，而對方將會被判刑十年；如果兩個人都沉默，就一起服刑三年；如果兩個人相互指證，會一起服刑八年。

這樣的誘惑一出，兩名犯罪嫌疑人都有些猶豫，不一會兒，在他們身上開始出現搓手掌、抓耳朵等小動作。無疑，這都顯示了嫌疑人內心的不安與掙扎。隨著時間的推移，再加上 FBI 的誘惑與威脅，兩個人先後都坦白了對方的犯罪事實。最終，兩個人都被判入獄，得到了應有的制裁。

負責這起盜竊案件的是 FBI 的聯邦調查員古伊·霍特爾。古伊·霍特爾是 FBI 的一名很優秀的探員，曾經偵破多起入室盜竊、搶劫以及謀殺命案等。他一直認為，在調查過程中，面對犯罪嫌疑人，不僅要有一身過硬的破案本領，還需要從心理學角度出發，仔細研究和揣摩嫌疑人的內心世界。而囚徒困境就是根據嫌疑人的心理制定出來的一種對付嫌疑人的有效方法。

就像博弈論中的其他效應，都是從人們趨利避害的本能出發一樣，囚徒困境中的每個人都是在尋求自身利益的最大化。他們到底該如何選擇，才能把自己的刑期減到最小呢？而因為這兩個犯罪嫌疑人被隔離，所以他們都不知道對方的選擇，而且他們都擔心對方出賣自己。其實即使他們能交談，也未必會相信對方不會背叛自己。從人們趨利避害的心理來說，出賣對方所得到的，要比保持沉默來得低。因為誰都不能保證對方是不是與他一樣保持沉默，如果沒有，那麼他將承受最重的懲

罰。如果他出賣了對方，而對方也剛好保持沉默，那麼他不僅會被釋放，還會有獎金。顯然，這樣的選擇是最有利的。由於兩個人面對的情況是一樣的，所以兩個人的內心思想也是一樣的，而最終兩個人都會選擇背叛對方。無疑，他們也都選擇了對自己最有利的方式，這就是說這場博弈達到了納許均衡。

納許均衡是指參加博弈的每個人都選擇對自己最有利的方式，從而最大化自己的利益。在這個案件中，顯然最佳結果是兩個人都保持沉默，然後一起服刑三年。但是事實上，這樣的案件的最終結果幾乎全是兩個人都背叛對方，一起被判刑八年。那麼，FBI 是怎樣讓囚徒困境發揮作用的呢？簡單地說，就是設置了兩個條件，一個是隔離兩個嫌疑人，讓他們不能清楚地知道對方的行為；二是提出「坦白從寬，抗拒從嚴」的賞罰措施。

囚徒困境反映了個人與集體的矛盾，無論對方怎樣選擇，每個人都會考慮到自己坦白是最有利的選擇，從而形成一種納許均衡，形成一種對所有人都不利的結果。如果想要讓自己的利益最大化，就要首先替對方著想，但是一般人都是做不到這一點的。而以下就是 FBI 資深探員史密斯·威爾遜結合人性與心理學總結出的囚徒困境之所以會有效果的主要原因。

一、從某些方面來說，人生性自私，而犯罪分子總是透過傷害別人來成全自己，甚至他們的自私比其他人的還要多一些。由於自私的人對別人都不會有太高的信任，所以他們很難與別人合作，容易相信別人會背叛自己

二、所有的犯罪嫌疑人都缺少安全感。從心理學的角度來說，這樣的人會本能懷疑周圍的一切，而如果 FBI 暗示他他的同伴有可能會背叛他，他就會很容易相信，並採取相應的自救措施

在威爾遜看來，雖然這是一種很抽象的理論，但是在現實生活中，它還是有著廣泛的應用範圍的。在我們的生活或工作中，很多人都不能做到真正相信別人，也就是說，在每一個人的心中都存在的囚徒博弈中，一旦有利益競爭，一定會有人以犧牲別人利益的方式來保全自己。因此，FBI 提醒人們，在生活中，面對這種囚徒困境時，一定要加強溝通，這樣才能達成一致，實現利益最大化。

威爾遜認為，每個人在陷入這種困境中時，首先想到的應該是對方，而不是自己，即要想怎樣才能不讓對方的利益受損。如果一個人在陷入囚徒困境的時候還能想著別人，那麼就一定能從不利的境地中走出來。可以說，在這個過程中，誠信顯得極為重要。由此而言，我們要想在囚徒困境中保全自己，首先要讓自己成為一個誠信的人，還要相信對方也是個誠信的人，並且要有堅定不移的決心，但是事實上，很少有人能做到這一點。

而正是因為這樣，FBI 認為囚徒困境用在那些缺乏安全感的人身上會更加有效果。在實戰中，FBI 警員會對犯罪嫌疑人說：「你不說，會有人說的，誰會不為自己考慮呢？」這樣的話往往會引出犯罪嫌疑人的懷疑，讓他覺得自己的同伴已經交代了罪行。一旦哪個嫌疑人有了這樣的想法，他的心理防線就

已經基本崩潰，再稍微加上一些誘導與誘惑，犯罪嫌疑人多半就會認罪，並供出自己同夥的罪行，而 FBI 還善於利用人們自私的本性在審訊過程中加以誘惑，從而加快審訊步調。

在心理博弈戰中如何擊破對手的心理防線

FBI 在擊破對方的心理防線時，通常會使用兩種方法：一種是採用「曉之以理，動之以情」的方式，另一種則是用自身的威懾力來震懾對方。

「雖然有很多方法可以與對手展開交鋒，但有一種方法是不可或缺的，那就是『曉之以理，動之以情』。」這是在 FBI 研究犯罪心理的專家丹尼爾·高爾以多年的實戰經驗總結出來的方法。那麼，「曉之以理，動之以情」真如 FBI 所說的那樣能夠消除對手的反抗情緒嗎？是的，的確如此，因為這種方法能以柔克剛，從而有效消除對手的反抗情緒。比如，當一個人因為事業上遭遇了失敗而想用跳樓的方式結束自己的生命時，如果向他們這樣勸說：「跳樓算什麼本事！即使你跳下去也不能改變你事業失敗的現實，你還是趕快下來吧！」當這個人被這些話刺激後，情緒有可能會產生劇烈波動，並有可能做出極為不理智的行為；而如果勸說的人採用的是這樣的言語：「你知道嗎？我曾經也和你一樣在事業上遭遇了很大的失敗，甚至我把房子都賣了。在那段時間裡，惆悵、失落一直陪伴著我，我也曾想到過自殺，可每當我想起年邁的父母和賢惠的妻子需要我去照料時，我就放棄了這個念頭。後來我發現，即使當時我跳下去了，也不能改變我事業失敗的事實，而且有可能讓一個原本幸福的家庭遭遇變故。在這種情況下，我決定振

作起來，因為我想擁有一個幸福美滿的家庭。朋友，振作起來吧，你的家人需要你！來吧，慢慢走下來，美好的明天在等著你！」相信想自殺的人聽完這樣動情的勸說後，他的情緒一定會平靜下來，直至打消他跳樓的念頭。顯然，前者是不講究說話技巧的勸說，而後者則是曉之以理、動之以情的勸說。雖然同樣都是勸說，但是兩者之間產生的效果卻是截然不同的。

再比如，當警察在對犯罪嫌疑人進行審訊時，如果他們這樣說：「希望你能如實交代你和你同夥的犯罪經過，否則，我們將會給你一點顏色看。」可以說，警察採用這樣的審訊方式，最終獲得的結果往往是不容樂觀的。這是因為，當犯罪嫌疑人聽到警察採用這樣的語氣時，心中會生出厭惡之情，因此選擇閉口不答是他們慣用的手段和伎倆，那麼，警察還怎麼能從他們的口中得出有價值的訊息呢？然而，經驗豐富的警察會對犯罪嫌疑人這樣說：「你就是那個曾經獲得美國棒球職業聯賽冠軍的人吧！從目前的情況看，我們懷疑你與一起毒品販運案有關，也許你是清白的，但我們還是希望你能親口告訴我們整件事情的經過。同時，我們非常願意幫助你，因為萬千球迷不想看到他們心中的偶像身陷囹圄。」很顯然，犯罪嫌疑人更願意接受第二種勸說方式，因為這種勸說完全是從他們自身的角度出發，既沒有咄咄逼人，也沒有一副兇神惡煞的模樣，更多的是情感方面的真誠流露，因此，他們會在不自覺的情況下就放棄自己內心的反抗情緒，向警察供述自己犯罪的經過。由於FBI能夠熟練運用此種方法，讓對手喪失反抗情緒，所以最終他們總能取得案件審理的勝利。

二〇〇七年四月，發生在美國維吉尼亞理工大學的槍殺案震驚了美國。在此次槍殺案中，有三十三人失去了生命。據 FBI 證實，兇手是一名年僅二十三歲的韓國人。FBI 透過調查得知，兇手是維吉尼亞理工大學英語系四年級的學生，平時少言寡語，喜歡獨來獨往。案發前一個月，兇手到武器商店購買了美國市面上最受歡迎的「瓦爾特 P22」手槍和「格洛克 19」半自動手槍。可誰也沒想到，他竟然用購買到的槍支製造了一起震驚美國的校園慘案，而且作為兇手的他最終選擇了自殺。

一位參與抓捕行動的 FBI 官員這樣回憶道：「當我們接到命令趕到維吉尼亞理工大學抓捕兇手的時候，很難想像這起槍殺案竟然會和眼前看到的身材瘦小、外表斯文的年輕人聯繫在一起。透過仔細觀察後發現，兇手的情緒波動非常大，如果我們直接去抓捕，很可能會遭到他的反抗，甚至還會出現不必要的犧牲。因此，我們決定使用以柔克剛的方式抓捕他。」

望著教學樓上精神恍惚的兇手，這名 FBI 官員對他這樣說道：「孩子，放下你手中的槍，跟我們回去吧。你可曾想過，原本幸福的家庭因為你一時錯誤的決定而遭遇變故，你可曾想過，這些學生中很多都是與你一樣有理想、有抱負的年輕人，可是他們還沒來得及實現自己的願望就死於非命。孩子，放下手中的槍吧，你的親人在等待著你……」FBI 說完這些話後，原本以為兇手會做一番垂死掙扎與反抗，可他並沒有做出任何反抗（他的臉頰上掛滿了淚珠），而是靜靜走到教學樓的一角，最終飲彈自盡。

其實，很多人都替這位 FBI 官員捏了一把冷汗，因為他們認為兇手一定會做出更加偏激的行為，甚至可能會傷害到 FBI。但經驗豐富的 FBI 採用了「曉之以理，動之以情」的方式讓兇手喪失了反抗情緒，從而確保了自身的安全。除此之外，FBI 還善於運用強大的威懾力來震懾敵人，讓他們在驚嚇

之餘敗下陣來。

　　一九九一年，在美國德克薩斯州的一個看似不起眼的小鎮上，有十二人死於槍殺。據目擊者稱，午飯時分，一名戴黑色墨鏡的男子駕駛著一輛微型卡車，停靠在一家餐廳門前，用半自動手槍向正在就餐的顧客一陣瘋狂掃射。掃射結束之後，很多顧客都倒在了血泊中。而隨後，兇手便逃離了案發現場。FBI 在接到報案後，火速趕往案發現場，現場的血腥景象著實讓他們大吃一驚。FBI 立刻把倖存者送去醫院搶救，同時開始對現場展開了緊鑼密鼓的勘察。在勘察中，他們發現，兇手並沒有選擇駕車逃離案發現場。得到這一線索後，FBI 認為兇手不會逃出多遠，於是他們便對該地區進行了地毯式的搜查。此外，還讓其他警員火速封鎖各主要路口，並對行人逐一排查。做好這些工作後，FBI 便順著兇手逃跑時留下的痕跡去追捕兇手。當他們來到一處雜草叢生的橋下時，不遠處的一個黑影引起了他們的注意。他們定睛一看，這個黑影似乎正在包紮著傷口。為了不打草驚蛇，FBI 命令所有警察包圍該地區，並隱藏在草叢裡，等待抓捕命令。

　　二十分鐘過去了，一名 FBI 到達離兇手十五公尺的草叢處對其偵查，他發現，兇手手中不僅有一把半自動手槍，而且在他身上還背著兩支來福槍。此時，兇手似乎感覺到有人在跟蹤他，於是他便快速跑到橋墩下隱藏起來。兇手所處的位置是橋的角落，雖然比較隱蔽，但四周只有一條可以逃跑的路，這無疑為抓捕創造了有利條件。FBI 見抓捕時機和條件已經成熟，便從草叢中跳出來，大聲對兇手說道：「我是 FBI，請你立即放下手中的武器，接受我們的調查！」兇手被這突如其來的喊聲嚇得站起身，同時身體也開始抖動。緊接著，FBI 又繼續說道：「你早就進入到我們的包圍圈中了，現在你已經插翅難飛！你還是乖乖繳械投降吧！」此時，兇手已被這種陣勢嚇得不知所措了。

　　與此同時，一架直升機突然出現在了兇手的頭頂，而全副武裝
的 FBI 正拿著狙擊步槍瞄準自己。此時，兇手已經感覺到，自己是
無論如何也不會逃出去了，於是他選擇了束手就擒。

「要想盡一切辦法為自己創造有利於抓捕的強大氛圍，這樣才能有效打擊對手。」這是 FBI 在實戰中始終牢記的一句教誨。因為他們始終都堅信在與對手交鋒的過程中，獲勝的關鍵就是要利用自身強大的威懾力來為自己營造一個有利於抓捕對手的氛圍。

　　前 FBI 局長路易斯·弗里曾表示過：「無論對手多麼強大，你們都要使出渾身解數，目的就是瓦解對方的心理防線，而也只有這樣，我們才能在與對手的對決中取勝。」從他的這些話中我們可以看出，想要獲勝就必須掌握打破心理防線的技巧，因為這已經成為讓嫌疑人認罪的一個十分重要的因素。而使用「曉之以理，動之以情」的方法和使用自身的威懾力來震懾對方的方式無疑成為了擊破對手心理防線最優的選擇。

在重複博弈戰中尋找心理致勝的技巧和時機

在和犯罪嫌疑人展開交流的時候，FBI 有一個比較常用的手法就是「重複博弈」。這種心理戰術在很多時候看上去都顯得單調無趣，但是它最後發揮出來的實際效果卻是非常強大的。對 FBI 來說，他們對付頑固分子的做法就是，一次又一次重複此前的工作，因為時間久了，對方一定會露出馬腳的。

一九八五年，美國威斯康辛州弗農縣的富蘭克林小鎮地方警署抓獲了一名叫做弗克利的年輕人。根據警方掌握的資料顯示，弗克利是一名販毒集團成員，他在當地早已聲名狼藉。將弗克利帶回警局之後，富蘭克林警察局馬上就和州立警署取得了聯繫，試圖一舉端掉弗克利所在的毒窩。

但是，他們所要面對的問題也是很棘手的，因為按照弗克利被捕時所犯的罪行來說，警方並不能對他施以過重的懲罰——當時，嫌疑人只不過犯了「非法攜帶槍支」和「私藏大麻」這兩個比較輕的罪名而已。在這樣的情況下，警方想要順利從他嘴裡挖掘出一些有價值的訊息，也就非常困難了。

實際上，在面對弗克利這樣的年輕人時，經驗豐富的 FBI 還是頗有心得的。負責審訊弗克利的大衛警官在事後這樣對記者說道：「在面對一些頑固分子的時候，我們一邊需要不斷重複自己的問題，同時還要仔細觀察對方，看看他是不是在說真話、內心是不是真的很平靜。」

事實證明，大衛的做法是正確的——他透過不斷重複，一遍又

一遍攻擊對方的心理防線，在經歷了長達四個小時的審訊之後，弗克利終於對警方坦白了自己以往的犯罪事實。這件案子在當時引起了不小的轟動，有媒體懷疑警方在審訊犯人的過程當中使用了非法手段，因為嫌疑人沒有必要將自己從前的違法行為一一交代出來，使得自己陷入一個更加糟糕的地步。為了摒除質疑，富蘭克林地方警署隨後曝光了他們的審訊過程。

可以看到，在這次審訊過程中，大衛並沒有使用任何逼供、欺詐的行為，而是透過重複簡單的問題來審訊弗克利的。

在開始看到弗克利的時候，大衛就問道：「嫌疑人弗克利，今年的九月三日你參與了一次和墨西哥毒販的毒品交易，並在此過程中打傷了一名警察，我說得對吧？！」

「這是說的哪裡的話，警官，你總不能看到我車裡有一點大麻就說我是一個令人髮指的毒販吧？」

大衛沒有將這個問題繼續深入，而是一本正經將對方的話記錄了下來，繼而又展開了下一個話題：「請說出你這次攜帶大麻的數量，以及獲得這批大麻的管道和用途。」

弗克利做出了一個非常勉強的表情，極不情願的回答說：「這樣說您可能不相信，但我可以保證這就是事實——我需要一點藥物刺激才能使自己興奮起來，我是個做音樂的人，所以我常常用它來找靈感。」

「這些大麻是誰給你的？」

「我不記得了，真的，我向您發誓，這是我第一次購買大麻，那個街道彎彎拐拐的，」弗克利狡猾回答說，「我都不知道自己最後是怎麼從那個地方走出來的。」

「你剛剛說自己是搞音樂的，常常藉助藥物來尋找靈感，但是

現在又說自己是第一次購買大麻？現在可不是聊天時間，你說的每一句話都將被作為法院證詞，所以不要試圖欺騙警察！弗克利，你在今年九月三日和墨西哥的毒販有過一次交易，並且打傷了一名警察，你承認嗎？」

弗克利馬上露出笑臉，說自己是一時說錯了話，自己確實是第一次購買大麻，並沒有欺騙警官的意圖。這時，大衛加大了提問力度，他嚴厲說道：「保持嚴肅！現在是警察審訊時間，請你坐好！回答這個問題，你是不是在一九八五年九月三日與墨西哥販毒集團貿易過一次，並且打傷了一名警察？」

弗克利尷尬笑了笑，輕聲回答：「沒有，長官，我沒有做過那些事。」

大衛將這句話也記錄了下來，然後繼續自己的提問：「那麼你是從什麼時候染上大麻的？」

「我對您說過，這是我第一次購買大麻，所以我說自己剛剛接觸毒品，這個回答可以嗎？」

面對這樣一個頑固分子，大衛有意讓自己顯得非常強硬，他大聲命令對方說：「現在是我在提問，你只能說『是』或者『不是』，不要再向我提出問題，明白嗎？」

碰了釘子的弗克利開始安穩下來，而且他開始嚴肅回答警方的問話。在隨後的一段時間裡，那個關於墨西哥販毒集團和襲警的問題一再被提起，而在這個問題一次又一次被重複之後，弗克利開始變得暴躁不安，甚至還向審訊者發了脾氣，直至大吼大叫。這時，大衛開始轉變了自己的態度，他將自己的語氣緩和下來，開始引導嫌疑人的思維：「好吧，年輕人。我們可以確定的是，主動認罪和被動認罪是兩個不同的概念，我看到你的個人資料上面顯示，你現在只有十七歲，考慮到你還沒有成年，法院對於你肯定是會做出寬大

處理的。以我們掌握的資料來看，如果你主動坦白，法院最多判你一年。當然，這是在你沒有其他案子的情況下。」

聽到這樣的話語之後，大衛注意到，嫌疑人的腳尖開始不由自主動了起來。當時，弗克利穿的是一雙質地柔軟的布鞋，所以警方很容易就觀察到，他的腳趾在不停移動著，這種意味明顯的肢體語言給了大衛很大的信心，於是他加大了攻勢，開始不斷向對方施壓，而在這樣的情況下，弗克利終於放棄了抵抗，交代了自己所有的罪行。

經過調查，弗克利所在的販毒集團確實劣跡斑斑，而他本人的投誠也帶給了警方非常大的幫助。最後，法官對這個年輕人採取了寬大處理，結果真的就像大衛說的那樣，他的刑罰被判得很輕。

在本次案件審理當中，大衛在把握嫌疑人心理狀態這一點上做得非常好，他成功運用自己的交流技巧，透過恰到好處的重複式提問，成功從嫌疑人口中得到了自己想要的訊息。當然，FBI 的重複博弈也是講求技巧和時機的，用得不好，也有可能屈打成招，那樣就適得其反了。

重複博弈中第一個需要注意的問題是，在集中審問之前，需要有確定的訊息表明這個人就是真正的罪犯。美國著名私人偵探、素有「神祕之狼」美譽的泰德·甘德森就曾表示，警方在刑訊過程當中使用的證詞、實物，以及審訊方式，都會對嫌疑人帶來很大的影響。

甘德森舉例說，號稱人類史上殺人最多的亨利·李·盧卡斯就是一個非常典型的案件，按照當時的情況，盧卡斯知道自己是永遠都不可能重獲自由了。在他看來，自己殺了五個人和殺了五百人是沒有任何區別的，反倒是後一種結論會帶給社會巨大的影響，而且警

方為了證實這五百起命案，或許還會力求保住他的性命，以求提早結案。在這樣的情況下，盧卡斯開始留意社會上的報導，將上面能夠記錄下來的案子都堆在了自己頭上，而只要警方問起，他就會將這些案子舉出來，加上自己的一些幻想，將警察哄得團團轉。

甘德森說：「如果警方一直保持著高調的姿態，嫌疑人在自己的潛意識當中就會產生一種『服從才是正確選擇』的錯覺。也就是說，嫌疑人的主觀判斷受到了警方的主導，他們最後交代的事情很可能會是虛假的。」

在弗克利的案子上，如果大衛從一開始就不斷重複一個錯誤訊息，比如「罪犯是一個變態的連環縱火犯」，那麼隨著時間的推移，弗克利承認自己是縱火犯的可能性也就會非常大。因此，在使用重複博弈這一種心理戰術的時候，一定要有確切的把握。如果在證據不足的情況下刻意使用這一戰術，那麼到最後嫌疑人受到誘導的可能性也就非常大。

重複博弈中第二個需要注意的問題就是，在運用這一技巧的時候，要懂得「剛柔並濟」。所謂的剛柔並濟，實際上就是一個提問強度的問題。根據以往的實戰經驗，FBI 表示：「比較穩妥的策略就是，警方在最開始的時候展開相對舒緩的問話，隨後再逐漸加強審訊的力度。」

在審訊弗克利的時候，大衛就做得非常好，「攜帶大麻」和「非法持槍」本來就不是他留意的重點。大衛想要知道的核心在於，在這起案件中，弗克利能夠交代出幾個同夥？幾個月前發生的相關案件，是不是能夠得到他的親口承認？在審訊剛剛開始的時候，大衛有意將這個問題提出了一遍，但是隨後馬

上就將方向扭轉開來，直到十多分鐘之後，他才又將這個問題提了出來。可以說，在雙方交手的初始階段，大衛是沒有對對方展示出強大壓力的。

隨著時間的推移，大衛發現嫌疑人已經逐漸喪失了自信，並且開始默認自己的犯罪事實。這時，大衛抓住時機，向對方發動了瘋狂的反攻。在這一階段，大衛的問題重複率是非常高的，他幾乎不間斷重複「墨西哥毒販」和「襲警」這兩個問題，致使嫌疑人脆弱的心理防線在強大的外界壓力之下終於崩潰，而最後嫌疑人交代出自己的罪行，也就是理所當然的了。

處處反駁未必是唯一的取勝之道，順水推舟也能引出驚天內幕

　　FBI 能夠利用反駁的博弈方式不斷讓嫌疑人說出真相，而且能夠識破其謊言。其實，還有一種博弈法就是不必處處緊逼和反駁，在恰當的時候來個順水推舟，以退為進——這同樣也能引出藏在謊言背後的內幕。

　　雖然反駁在博弈論中屬於一個重要的方法，但是 FBI 警察透過多年的辦案經歷告訴我們，處處反駁對方未必是唯一的取勝之道，有時候順水推舟更容易揭開對方的騙局、識破對方的謊言。而在這一過程中只要能找到目標，做到以退為進，往往就可以將謊言背後的大陰謀牽引出來。

　　FBI 前局長路易斯·弗里赫經常對警員們說：「要學會靈活處理案子。我們不應只會一味去反駁，還應該要學會以退為進，順水推舟。」一般情況下，FBI 警察們往往會為了盡快揭開謊言和騙局，總是處處反駁嫌疑人，即反駁對方的各種說法，而為了去反駁對方，還不惜一切去尋找有力的證據，但是很多時候不僅浪費了時間，而且也沒有順利識破對方的謊言。因此，FBI 的領導人物才會提出要適當順水推舟，以靜制動，以此來獲得應有的收穫，引出對方謊言背後的真相。

　　FBI 的博弈之法並不是簡單的對決，而是依靠心理戰術和具體且有合理規劃的行動結合而成的一種非常有效率的行為，

順水推舟之後引蛇出洞，然後一網打盡，揭露其中的騙局。

在美國拉斯維加斯這個地方，拳擊業內有兩名非常出名的拳擊手，一個叫埃蒂文，一個是弗蘭克斯。弗蘭克斯是一位拳擊教練，是很出名的拳擊手，而埃蒂文之所以出名，不僅是因為他的拳擊技術，還因為他是弗蘭克斯的堂哥。他之所以到這裡來，是想要買賣贓物。也就是說，埃蒂文是一個外來的陌生人，在弗蘭克斯的幫助下他來到了這個娛樂之城──拉斯維加斯。他想要在這裡進入拳擊界，成為眾人矚目的焦點。而在弗蘭克斯的幫助下，埃蒂文很快就滲透到了拳擊界，並且在拳擊比賽中嶄露頭角。令他高興的是，他憑藉自己出色的技法和強壯的體格很快就引起了人們的關注。此外，他還參加了很多由承辦商舉行的私人聚會和社交活動。其實在這個地方，那些家族和黑社會的人們所說的弘揚體育精神和培養人們的競技思想全都是謊話，他們最終的目的就是賺錢。而為了賺錢，他們不會顧及比賽選手的死活，其中的殘忍程度甚至是人們難以想像的。

一天，十六名聯邦調查局成員組成的祕密小組突擊了拉斯維加斯最大的拳擊比賽承辦商的辦公室──FBI 們沒收了所有的電腦、財務記錄、合約以及錄影帶，一些大家族的成員和黑手黨等有關七十多名嫌疑人也被 FBI 抓捕，而且 FBI 還在祕密調查當時著名的拳擊手奧斯卡·德拉霍亞的幾場比賽，同時還對同是拳擊高手的莫拉萊斯也展開了調查。因為 FBI 已經找到了相關的證據懷疑當時拳擊界內的著名承辦公司曾經付錢給這些著名的選手，以確保他們在比賽中贏得勝利。當時，這一系列的事情讓拉斯維加斯的拳擊行業陷入了混亂狀態。

就在人們還沒弄明白怎麼回事的時候，埃蒂文竟然帶著 FBI 的工作證在工作。原來，埃蒂文是 FBI 的高級特工──沒錯，他是個臥底。當然，弗蘭克斯也是一個不錯的幫手，弗蘭克斯原本是拉斯

維加斯的一個著名的拳擊手，但是卻因為殺人被判入獄，而在獄中他想要改過自新，重新做人，就向警方透漏了拳擊業的很多祕密。本來 FBI 負責這個事情的高級特工札克·奧齊內想要透過弗蘭克斯揭穿拉斯維加斯拳擊業的超級大騙局，但是轉眼又一想，這樣做有些魯莽，而且如果處處反駁的話一定會引起對方的警覺，所以他就想到了一個順水推舟的方法——讓弗蘭克斯幫助埃蒂文進入拳擊業，並且按著他們的要求去比賽，從而從中找到證據，然後一網打盡，揭露其背後的密謀。

FBI 用這一方法也設立了一個大圈套給那些大家族和真正掌控拳擊業乃至娛樂業的人們——FBI 讓埃蒂文在弗蘭克斯的推薦和幫助下成為拉斯維加斯的焦點人物，而弗蘭克斯原本是殺人犯，警察給予了他假釋，於是他幫助埃蒂文成為了那些大家族們的熱手人物。這時，埃蒂文就順著他們的想法去比賽。因為埃蒂文明白如果不順著這些人的想法去做，而處處反駁他們的話，不但不會識破他們的詭計、揭露他們的騙局，還會功虧一簣，所以他做好了順水推舟、以退為進的準備。無疑，在這一過程中他需要做的就是找到充分的證據，等待有利的時機。

最終，FBI 成功破獲了拳擊業裡的這個案子，而且公開揭露了拳擊業內的骯髒交易和騙局。當然，這種勝利是建立在 FBI 警察使用順水推舟的博弈技法基礎上得來的。在這個案子中，埃蒂文和弗蘭克斯的命運也完全發生了不同變化——埃蒂文成功完成了 FBI 的工作，並且獲得了榮譽，而弗蘭克斯也因此被減刑。

透過這個案子可以發現，FBI 警察在揭露騙局的時候，並沒有處處反駁和推翻對方，而是採取了順水推舟的博弈方式來謹慎行事。其實，只有這樣才能找到更充分的證據，而找到證據後給予對方沉重的一擊，真相也就會隨之浮出水面。

可見，處處反駁並不能讓對手屈服，還容易打草驚蛇，讓對方有更加強烈的防備。FBI 認為，在測試和識破謊言的時候，應該要給對方一些時間，順水推舟，讓事情有一定的緩和餘地。在這樣的情況下，警察們就可以以退為進，做到主攻了。

FBI 在審問犯人的時候，尤其是那些測謊專家往往不會像那些生硬的警察一樣一開始就處處緊逼和反駁對方，而這些測謊專家大多會採取順水推舟的博弈方法──有時候，欲擒故縱對揭穿謊言有很大的效果和作用。心理學家研究表示，相對於強硬的反駁和適當的迎合，人們都會選擇後者，這是心理上的一種反射作用。沒有人會拒絕甜美的讚賞，所以要想學會這種博弈方法就必須學會順水推舟，以退為進，從心理上讀懂對方的真實需求，從而順利識破對方的謊言。

順水推舟的博弈方法，能夠讓 FBI 的警察自然而然順著對方的話語說下去，當然在這其中要明白自己的重任──識破謊言，所以要想辦法讓話題轉移到對自己有利的方向和目標上。這種方式對識破謊言十分有效，然而要想取得預期的效果，FBI 認為人們應該注意以下幾點。

首先要認清對方的心態，觀察清楚對方的心理狀況。因為對方的心態直接決定著 FBI 警察與之談話的內容和方式。所以，要想順水推舟去博弈就要把握住對方的心態，這樣才能將接下來的事情進行得順利。

其次，還要因勢利導。很多時候，機會是需要被創造的，

不能夠一味等待著機會自己降臨。FBI 警察在與對手談話的時候會很注重因勢利導，盡量克服對方的抵觸心理，並且會根據談話來軟化自己的立場。可以說，只有這樣在順水推舟的時候才能讓對方更加信任你。而當對方對你產生信任之後，一切就都能夠很好、順利的進行下去了。在這樣的情況下，FBI 會打探到更多的消息，而採取處處反駁的方式往往是不會得到這些消息的。

　　總之，有時候想要識破對方的謊言需要的不僅僅是反駁他的觀點，而且要順水推舟，讓對方說更多的話，而這樣對方的謊言自然也就隱瞞不住了。

訊息博弈戰的取勝之道：只是比對方分析得透徹一點點

FBI探員喬·納瓦羅曾經說過：「想要在博弈戰中取勝，就一定要比對方分析得透徹一點點。」現代社會是一個訊息化的社會，各種各樣的訊息戰層出不窮，在這種沒有硝煙的戰爭中，誰先掌握了全面的、真實的訊息，誰就能取得勝利。如果接收到的訊息滯後，或者是對訊息的分析不夠全面，往往會一敗塗地。

有這樣兩個選擇，你會作出怎樣的選擇呢？有一個女人再次懷孕了，在這之前，她已經有了八個孩子，其中有三個孩子是聾子，兩個是瞎子，還有一個是低能兒，並且更加糟糕的是，這個準媽媽得了梅毒，那麼你會不會建議她把孩子生下來呢？

第二個問題是有個國家要選一位領導人，篩選到最後還剩下三個候選人。第一個候選人與一些狡猾的政客來往密切，並且信奉星相學，自己也會占卜，個人生活混亂，婚外情一直不斷，是個煙鬼與酒鬼；第二個候選人性格懶散，常常睡到中午才起，有兩次被人解僱的經歷，曾經吸食過鴉片，晚上經常會喝得酩酊大醉；第三個候選人是個素食主義者，還是個戰鬥英雄，不吸菸、不嗜酒，也沒有什麼婚外情的醜聞。

對於這兩個問題，相信大多數人都會選擇讓那位孕婦墮

胎，選擇讓第三個候選人做領導人。然而，當你知道他們都是
誰的時候，你會後悔你的選擇——那位懷孕的婦女是音樂天才
貝多芬的母親，而那三個候選人都是聞名世界的大人物，第一
個是富蘭克林·羅斯福，第二個是溫斯頓·邱吉爾，第三個是
阿道夫·希特勒。

而你的選擇就是扼殺了一代音樂天才，成全了劊子手希特
勒。這個問題告訴我們很多人在作出決定前只是簡單根據價值
觀來思考，對訊息很少做過多的深入分析，而這樣得出的結論
往往是錯誤的。舉個例子來說，我們總是認為青蛙在逐漸加熱
的冷水中會被煮熟，事實上，在水溫十度的時候，青蛙確實是
處於一種慵懶的狀態，但是當水溫升到三十度的時候，青蛙就
會開始不斷游動，等到水溫升到四十度的時候，青蛙會突然跳
出水面，並不是像人們經常說的那樣被煮熟。

訊息的傳遞有兩個重要的前提，第一個是訊息的真實性，
第二個是訊息的全面性，兩者缺一不可。如果你得到的訊息是
虛假的，那麼這個訊息不但沒有任何價值，反而還會對你的決
定產生誤導。而訊息的全面性是博弈成功的關鍵，因為在訊息
片面的情況下做決定往往會出現很多錯誤。但是實際上，很多
時候我們很難鑑別訊息的真偽，而那些能做到鑑別出訊息真偽
的人，一定是比別人分析得多一點、透徹一點。

傑爾被懷疑與一起銀行的搶劫案有關，但是因為警方掌握的證
據很少，根本就不能定他的罪。有著多年犯罪經歷的傑爾銷毀了幾
乎所有的證據，犯案現場除了一個腳印之外沒有其他線索，且不說
警察沒有找到那隻鞋子，單單憑藉鞋的尺碼根本就不能確定罪犯就

是傑爾（因為穿同樣鞋碼的人有成千上萬個）。而傑爾之所以會被認為是嫌疑人，主要是因為傑爾是個盜竊銀行的慣犯，並且當天正好有人看到他在銀行附近喝酒。

傑爾知道警方掌握的證據不足，因此在被審問時問警方：「一個鞋印，怎麼能確定罪犯就是我？當時在附近酒吧喝酒的人多了，怎麼就能確定罪犯是我呢？」警察還沒發問，傑爾就搶先問了問題，他這樣做的目的就是反客為主，從而搶占先機。

警官文森答非所問說：「傑爾，你真是個狡猾的人，不過聽說你養的狗最近發瘋了？有沒有在家裡亂咬東西？」

傑爾不屑的笑著說：「你是準備跟我閒聊幾個小時，然後放我回去嗎？你想聽什麼呢？我養的狗有外遇嗎？」

文森不動聲色說：「不是的，我聽說你的狗喜歡吃五十六號大街上的狗糧，你家的狗跟我家的狗一樣，都很挑剔。」

傑爾聽到文森聊自己的愛犬，馬上就放鬆了很多，他說：「對，哈利是很挑食，牠只吃那一家的狗糧。」

文森接著說：「我喜歡給我家的狗狗買紅色的鞋子穿，然後自己穿一雙藍色的。藍色配紅色，很好的搭配哦。我喜歡讓哈利穿著布鞋，而我則是穿工裝鞋。」

「哦，是不是『艾文』的工裝鞋，你也經常穿。」

「是的，哦，不，不是的，我對品牌沒有什麼概念，穿著舒服就好。」傑爾突然發現自己說漏嘴了，於是趕忙改口，但是似乎已經來不及了。

「不要著急，我們已經找到了那雙鞋，上面有你的指紋，鞋印與案發現場的鞋印完全吻合。」文森馬上說道。

「不可能，你們怎麼會找到它，我明明把它扔到了很遠的地方，

你們不可能找得到的。」傑爾氣急敗壞說道。不過,隨後他便意識到自己說錯話了,於是他馬上就閉嘴了。

「謝謝,我們終於知道罪犯是誰了,你剛剛說把它扔到了很遠的地方,麻煩你說一下把它扔到了哪裡?」

傑爾是一個心理素質很強的罪犯,像這樣的罪犯,用一般的方法是問不出什麼的,因此,文森改變了審訊方法,從與案件無關的事情開始說起,以讓傑爾放鬆,然後從傑爾不經意的話語間找出有用的訊息(這是一種對訊息的分析能力)。而這種能力從 FBI 成立以來,就一直備受重視。由此而言,要想在博弈戰中取勝,就一定要將自己獲得的訊息分析得更透徹一點點。

海盜分金：美國警察無法透過實戰檢驗的「無敵理論」

　　經濟學中有一個著名的博弈理論，叫做海盜分金，是說五個海盜搶了一百金幣，而他們準備分了這些金幣。經過所有人的同意，按照抽籤決定順序，然後依次提出分配方案，由五個人表決，如果有一半以上的人同意這一方案，才能執行這個方案；如果沒有，那麼提出此方案的人就會被扔進大海。

　　假設這五個海盜都是聰明絕頂的人，那麼第一個海盜應該提出什麼樣的方案，才能不被扔進海裡呢？這個問題要從後往前推理。首先說第五個人，從常理看來，他是最幸運的一個，無論怎樣他都不會被扔進海裡。如果他想得到一百金幣，那就要在只剩下四號與他的時候投反對票，讓四號去海裡餵鯊魚，這樣他就能獨吞所有的金幣，但是這樣的前提是前面的三個人都被扔進海裡了，而四號也不是傻子，他不會允許這樣的局面出現。因此，為了保命，他就必須要留下三號，所以不管三號出什麼樣的分配方案，四號一定會支持。因此，對於三號而言，他最好的方案就是自己將一百金幣全據為己有，而四號與五號都是零個——四號為了保命，即使不要任何錢財，都會支持三號的方案，而五號一個人反對無效。但是，三號能不能有提出方案的機會，還要看前面兩個人的表現。

　　三號提出方案的前提是前兩個人都死了，但誰都不是傻子，二號肯定不想死，所以如果是二號提出方案的話，他首先

要考慮後面幾個人的想法。三號是希望二號被扔進海裡餵魚的，所以不管二號分給他多少金幣，他都一定會反對。而五號是最狠毒的，他希望所有人都被扔進海裡，因為沒有人能威脅到他的生命，所以所有人的方案他都會投反對票。但是，如果輪到三號分的話，五號一點都得不到，所以如果二號分給五號一些，五號足夠聰明的話會選擇支持二號。

而四號因為要保命，所以會無條件支持三號，但是他也是想要金幣的，如果是三號分配，他一定一個金幣都得不到，所以如果二號能給四號一些金幣，四號會選擇支持二號。因此，二號的最佳分配方式就是自己九十八個金幣，三號零個，而四號與五號每人各分一個。但是，如果一號不死，怎麼會輪到二號呢？

一號要是不想死，就一定要給五號超過一個金幣，因為五號的地位很特殊，他很希望前面所有人都去海裡餵魚，這樣他自己就能獨享所有的金幣，但是前面的人都不是傻子，所以如果一號給他超過一個金幣，五號一定會選擇支持一號。三號是被二號放棄的，所以一號可以拉攏三號，給他一個金幣，這樣他就會支持一號。因此，一號的分配方案應該是「九十七、零、一、二、零」或者是「九十七、零、一、零、二」。

這是一個抽象的模型，體現了博弈的思想，在這裡面，所有的分配者如果想要別人同意他的方案，首先要清楚別人的分配方式，這樣才能用最小的代價得到最大的利益。所以現實中，很多人都懂得團結群體中最不得意的人，因為這樣就能用最小的代價得到最大的利益。

對於這個理論，FBI 探員古伊‧霍特爾曾經說過：「FBI 根本就無法用實戰來證明它。」海盜分金的結果出乎所有人的意料，看似最危險的一號幾乎獨占了所有的金幣，這與人們的認識有很大的不同。那麼，這個問題到底出在了哪裡呢？

　　在 FBI 的檔案中，記錄著這樣一件事情：一九八八年，五名毒販被捕。這本來是一件值得慶賀的事，但隨後 FBI 發現，因為抓捕行動有些冒失，他們暴露了目標，這些罪犯把毒品銷毀了。這時候，FBI 陷入了被動局面。因為沒有證據，他們不能定這些毒販的罪，如果想要定罪這些人，最好的辦法就是找到直接證據，而在這種情況下，只有讓這些犯罪分子互相檢舉才能實現這一目標。

　　「這五名犯罪嫌疑人身後肯定有一個更大的販毒集團，所以上級指示我們一定要不惜一切代價，讓這五個人開口，」參與了本次抓捕行動的克里斯‧科里警員說，「但這對於我們來說有點難，畢竟在抓獲這些人的時候，他們已經將證據銷毀了。」後來的結果是，這五名罪犯當中的三個人都選擇了向警方坦白，那麼 FBI 是如何處理這件事情的呢？

　　首先，科里把這五名犯罪嫌疑人隔離。隨後，他又依次對這些毒販審訊。在面對第一個罪犯的時候，科里說：「現在州長剛剛頒布了新的立法，警員有權利赦免積極配合警方工作的嫌疑人。不過，這個權利是有限的，這麼跟你說吧，我能夠為現在在監獄中的所有罪犯減去五十年刑罰。這對於你來說，是一個很好的機會，你明白嗎？」

　　聽到這樣的話，嫌疑人顯得很鎮定，露出一副無所謂的樣子。他說：「我是好人，你們不應該抓我，你說的那些東西對我一點意義都沒有。」

　　科里沒有理會這句話，他繼續說道：「聽著，我可以拿出文件來

給你看,作為 FBI 警員,我可以為你申請最多十五年的減刑。好好表現,你們人太多了,我不可能幫你們每個人都申請,不然我的飯碗也就丟了。」

嫌疑人撇了撇嘴,表示不屑。但是科里明白,他沒有用語言來反駁自己,實際上是一種被觸動的表現。於是,他又加大了力度,對嫌疑人說:「你現在遇到了一個千載難逢的好機會,我願意幫助你,只要我遞上一份申請信,那麼你就可以少坐幾年牢。回去好好想想吧!我現在需要兩個以上的證人,所以這個優惠政策是很難顧及每一個人的。」

在將這名罪犯送走之後,科里又審訊了其他四名嫌疑人,同時又將告訴第一個嫌疑人的這些話全部重複了一遍。這樣的情況對於每一個人來說,都是極具誘惑的,同時,能減刑的消息也讓這些罪犯在心裡打起了小算盤。他們明白,就像科里說的那樣,他的權利是有限的,一個人得到的優惠多了,其他人受到的優惠就會相應減少。

在這樣的條件下,五名囚犯開始打起了各自心底里的小算盤,因為大家都想要得到更多的赦免,如何使自己的利益最大化,就成了所有人關注的焦點。經過了一天一夜的隔離之後,科里重新對這些罪犯展開了審訊。很顯然,經過深思熟慮之後,罪犯們想通了──他們都想要和警方展開合作,以求自己得到更好的回報。最先表達自己迫切願望的是第一名受到審訊的嫌疑人──大衛,他請求得到全部罪行的赦免,他的理由很讓人同情,他說:「我不是自願做這些的,請您給我一次機會吧,我們當中我是唯一一個結了婚的人,還有一個三歲大的孩子。」

聽到這樣的話之後,科里對大衛說:「不要把事情看得太簡單,我現在需要的不只是一名證人。如果是那樣,別人會說是我們合謀的。我需要你們當中至少兩個以上的證人。」

「我保證可以幫你找到另一個證人，」大衛說，「你只要給我一點時間，我就可以說服費裡，讓他也來作證。」而這正是科里想要的結果，他欣然同意了。但是很快，科里發現，不僅是大衛，其他四個人也都有想要和警方合作的意思。但問題是，同時幫五名犯人全都減免刑罰，是一件不可能的事情。

「為了解決這一個矛盾，我想起了那個關於海盜分金的故事，如果幫三個人減免刑罰，我覺得自己還是有能力做到的。另外，我也很希望看看這個理論能不能經受實戰的檢驗。」

按照海盜分金的模式，科里重新找到了大衛，對他說：「由於你們總不能將意見統一，我決定讓你們五個人做一個公平的討論，每個人都發表自己的看法。告訴你的朋友，不要耍任何詭計，我們有錄影帶，如果串供，你們就不要想再得到赦免了。」

很快，五名罪犯聚到了一起，彼此之間展開了激烈的討論，就像科里預計的那樣，五名罪犯很快就爭吵了起來。而大衛此時依然表達了自己此前的意思——他是一個有家室的人，減免刑罰對於他的意義更重大一些。同時他還表示，費裡同樣也應該得到減免，因為他是他們當中年齡最小的。

顯然，這樣的提議是行不通的，而他們當中一個名叫蓋恩的嫌犯開始罵大衛，並且威脅要打他。有人提醒蓋恩這裡有攝影機，蓋恩說：「我才不管什麼攝影機！誰再提出這麼狗屎的意見來，我就要讓他好看！我可是背負人命的人，也不在乎再多背幾條人命！」他一邊說著，還一邊脫下自己的上衣擰成繩子，表示如果有人再提出不合理的想法，他就要殺了這個人。

這實際上是一個很有趣的現象，這幾個罪犯都知道，在這樣的時刻，如果自己稍微表現得軟弱了，就會在被赦免上吃虧，所以每一個人都怒罵不斷，努力讓自己看起來強硬一些。兩個小時之後，

罪犯們的「遊戲規則」也就被制定出來了——每個人都提出一個建議，看看誰的意見更好，而發言的順序，是經過猜拳來決定的。當時的情況可以說和海盜分金非常接近，最早發言的人如果不能得到其他人的認可，那麼他就會失去被赦免的機會。

到了最後，作為第一個提出方案的費裡小心翼翼說出了他自己、蓋恩、羅納德三個人共享赦免的提議，結果是三比二透過。在這一次討論中，蓋恩是第三個發言的人，而羅納德則是排在第五位。

但是這個結果，由於涉嫌暗箱操作，上級沒有透過科里的赦免申請。不久之後，警方找到了有力的證據，對五名嫌疑人提出了起訴。而科里警官因為涉嫌非法取證，遭到了法律制裁。從表面上來說，這件案子是一個兩敗俱傷的案例，但是這其中卻包含著一定的心理學理論。

對於囚犯費裡的提議，美國著名心理學家艾伯特·班杜拉提出了自己的一些看法：「我們發現，想要透過實戰來檢驗海盜分金理論是非常困難的，費裡做出了三人平分的決定，這個提議最終讓他保住了性命，這就是最好的結果了。」

其實，這個問題就出在假設條件上，這個問題的前提是所有的海盜都聰明絕頂，能理性判斷事情，這才導致了有這樣一個出人意料的答案。海盜們都聰明絕頂該怎樣理解，難道說每個海盜都能推算出其他人的分配方式嗎？顯然，這是不合常理的。如果海盜都是聰明人，在分配結果與自己的期望相差太遠的時候，就不會接受這種分配方式了。所以，在海盜分金這個方案中，最簡單的分配方式就是平均分配，每個人都得到二十個金幣，而按照海盜分金的理論，最終的結果是一號幾乎獨占所有的金幣，那麼剩下的四個聰明絕頂的人，在當初為什麼會

答應用這樣的方式來分配金幣呢？

利用慣性思維，集中火力打擊對手

慣性思維是每個人身上都會有的思維，著名心理學家佛洛伊德曾經說過：「所有人都知道慣性思維是不好的，但是沒有人能夠保證自己不會掉進這樣的圈套中。」換句話說，如果一個人在特定的事件上養成了固有的思維模式，這種行事作風就會無意識進行。正是了解了人們的這種慣性思維方式，在某種程度上，也恰好為 FBI 破案提供了一個有效的突破口。

在美國密西根州底特律市曾經發生過一起銀行搶劫案，兩名罪犯在搶走錢財之後，發現自己已經被警察包圍。當時罪犯的第一反應不是束手就擒，而是馬上劫持了銀行中的一名工作人員，想要以此來威脅警方撤除包圍。

對於這樣的要求，負責抓捕行動的 FBI 警員文森特告訴嫌疑人，他需要向上級請示之後才能做出答覆。之所以會作出這樣的回答，文森特說：「按照當時的情況，犯罪分子已經得到了錢，他們是希望和解的。況且，那是一家沒有多少人的小銀行，劫匪手中只有一名人質。在這種情況下，他們很難傷害到人質。」

形勢明顯對兩個劫匪不利，他們不得已只能同意文森特的要求，但是半個小時過去了，他們依舊沒有得到警方的答覆。劫匪開始有些慌了，他們把受到驚嚇的人質推到了銀行門口，然後讓他大聲喊救命。這樣的做法果然收到了效果──文森特不得不承諾五分鐘之內給他們一個滿意的答案。

果然，在接下來的五分鐘時間內，當地警局送來了一輛汽車

給這兩名劫匪。在將車子開到銀行門口的時候，文森特對屋子裡面的人說：「這輛汽車是我們跟別人借的，請一定要讓人質把車子送回來！」

兩名劫匪做出生氣的樣子，一邊辱罵人質，一邊對警察大吼大叫道：「你現在可以滾了，不要耍詭計，如果讓我們發現你們有什麼陰謀的話，這個人就沒命了！」

「放心吧，我們還不想出人命，」文森特大聲說，然後再一次強調，「一定要把車子送回來，它和人質一樣重要，這是我們上級說的。」

隨後，兩名劫匪仔細檢查了一下車子，在確認安全之後，對文森特說：「聽著，這輛車我們會用很久，要開出去很遠，所以我們不會帶著人質走太久，當然車子是不會還回來的了，你們不要耍花招，等車子開出城之後，我們就會放了人質的。」

「對不起，這是我們從別人那裡借來的車子，整個縣裡再也找不到比它還好的汽車了，如果這輛車子出了什麼問題，我們是無法向主人交代的。」

聽到這樣的話之後，其中一名劫匪說：「全縣城最好的汽車？這麼說這個車的主人還是一個有錢人了，讓我看看這輛車子到底好在什麼地方。」

其實，這就是文森特想要達到的效果，而就在兩名劫匪把自己的注意力轉移到車子上時，文森特縱身一躍把挾持人質的劫匪打倒在地，埋伏在一邊的狙擊手馬上擊斃了正在欣賞轎車的罪犯。當時，被文森特打倒的罪犯還想反擊，但他拿槍的手已經被文森特控制住了，僵持了幾秒之後，他放棄了抵抗，因為他不想和他的同夥一樣，命喪當場。

可以說，在決定生死的一瞬間，文森特和自己的戰友表現

出了驚人的默契，一舉解除了危機。在隨後的媒體報導當中，很多記者甚至將這一次人質解救事件說成是「世界頂級特工之間的配合」。文森特和戰友之間的密切配合當然是令人佩服的，但更讓人覺得奇怪的是，面臨如此險境的犯罪分子，為什麼會做出查看汽車這種危險的舉動呢？

事實上，這是 FBI 精心安排的結果，根本就沒有所謂什麼「全縣最好的汽車」，這都是文森特有意編造出來的。透過對這輛汽車的神化，很容易激發犯罪分子的好奇心。而這種好奇心，在危急時刻，往往是致命的。德國著名心理學家漢斯·約阿希姆·科納特曾經說過，好奇心實際上是一種慣性思維，每個人在看到一件讓自己奇怪的事物之後都會不由自主想要一探究竟，按照這樣的理論，這兩名劫匪之所以被捕就是受了慣性思維的影響。

從這一方面來說，這兩名劫匪看上去很奇怪的行為，其實是非常合理的，如果把我們放在相同的環境中，絕大多數人也會做出同樣的行為。只不過這種慣性思維，一般人都沒有意識到它的存在而已。對此，文森特舉例說：「當聽到有人誇讚一件東西的時候，人們通常的反應應該是『我要看看它到底好在哪裡』，所以當兩名劫匪聽到『這是全縣裡最好的汽車』之後，會不由自主順著自己的思維走，想要看看這輛車到底好在哪裡。」

正是因為人們存在這樣的一種思維方式，所以在上面的案例中，FBI 利用劫匪的慣性思維，誘導對方把注意力轉移到了汽車上，進而解除了這次危機。實際上，利用對手的慣性思維

來打擊他們是 FBI 經常運用的一種策略。

一九七六年，被派往蘇聯執行特殊任務的 FBI 特工吉爾伯特就利用慣性思維，讓自己躲過了一劫。當時他發覺自己已經被蘇聯反間諜特工發現，處境十分危險，於是他決定儘早離開這個地方。為了能夠逃脫對方的監控，吉爾伯特先是裝作一無所知的樣子，同時又到處打廣告，拍賣自己居住的房子。

由於吉爾伯特這樣的舉動馬上就引起了蘇聯安全委員會的注意，所以安全委員會的工作人員提議馬上對吉爾伯特動手，但安全委員會的上層卻認為，這說明吉爾伯特還不知道自己的身分已經暴露。這是因為在他看來一個人如果想要逃跑的話，他是不會這樣高調出售房屋的，因此，他們沒有即刻逮捕吉爾伯特。但是，讓他們沒想到的是，三天之後，吉爾伯特就拿著假護照成功登上了返美的飛機。兩天之後，蘇聯安全委員會的人才發現，吉爾伯特居住的房子已是人去樓空。而蘇聯安全委員會的人只是看到吉爾伯特還沒有把房子賣出去，沒有拿到錢，就以為他不會離開，以為一切都在自己的掌握中，結果直到最後才發現他們是誤入了吉爾伯特的圈套。

FBI 對於慣性思維的運用，是帶有一定技巧的。文森特在接受記者採訪的時候曾說過，透過對手的慣性思維來戰勝他們，在實戰當中要求布局者精心設計才能產生效果。文森特說：「人在特殊條件下都會神經緊繃，這種精神緊張為利用慣性思維造成了困難。在這種情況下，就需要開動腦筋，把他們引向騙局當中。」在搶劫銀行事件中，文森特多次提到「全縣最好的汽車」，而正是這些字眼引發了劫匪的好奇心。可以說，如果不是這一精巧的布置，這一次危機很難會這麼快就被解除掉。

　　而 FBI 提醒人們，在運用慣性思維尋求突破口的同時，一定要分析自己身上是否帶有同樣的毛病——很多人在看到別人身上的不足的時候往往會忽略自己身上的缺陷。而 FBI 在這一方面就做得很好——他們在運用慣性思維打擊對手的同時，又能讓自己避免陷入這樣的處境。以 FBI 特工吉爾伯特的例子來說，蘇聯反間諜在看到對方高調出售房產的時候，只是主觀認為，一個試圖逃亡的人不會高調將自己的內心想法公之於眾，還一心以為對方會在收到購房款之後才會離開。顯然，這就是慣性思維的一種集中體現。而由此而言，在實際生活工作當中，這種行為也是人們盡量要避免的。

「南風」效應：FBI 探員的溫暖溝通術

　　FBI 探員喬伊斯‧聖‧裡格曾經說過：「每個人對於外界的判斷都是不斷變化的，當我們送出溫暖的時候，即使是一塊石頭，它也是會被暖熱的。」這就是著名的南風效應，而在與其他人交往的時候，FBI 就非常重視這一點。所謂的「南風」效應，其實質就是實行一種溫暖的溝通術。

　　一九五六年，亞利桑那州格蘭戴爾市的地方警署接到消息，一夥來自新墨西哥州的毒販湧入了格蘭戴爾，這個犯罪團夥攜帶著大量毒品和武器，聯邦政府想要儘早剷除他們。這時候，格蘭戴爾地方警署向 FBI 申請支援。很快，一名叫做查理斯的 FBI 探員被派遣過來，經過幾天的調查，他發現了有關這批毒販的線索，但是在求證的時候，卻遇到了大麻煩。

　　當時的情況是，在毒販出沒的小鎮上，居住著大批農場主，他們每天都有做不完的工作，而且眼下正是農忙時分，天氣又陰晴不定，所以他們對喋喋不休的警察非常討厭，而查理斯也意識到了這一點。根據查理斯的觀察，這些農場工人一聽到他們的聲音，就會發動引擎，駕著車子離開，或者有人乾脆關上門躲在屋子裡睡大覺，任查理斯他們怎麼叫都不開門。

　　查理斯知道，毒販在這個小鎮上大約會停留一個禮拜左右，如果不能在這段時間裡將他們揪出來，他們很有可能會流竄到其他城市。為了能夠得到當地人的配合，查理斯專門雇了一輛卡車，帶上兩名女同事一造成農場裡去拜訪農場主。

257

對於這一做法，農場主們顯然是沒有料到的，他們以為那是某個專門搞採購的貨車，於是等查理斯一行人走到面前的時候，他們才發現自己受騙了。

心理學家認為，人們在與陌生人交往的時候，女性的受信任度是超過男性的。就是說，查理斯專門帶上了兩名女同事，讓她們去打先鋒，是一個明智的舉動。因為很多農場工人都覺得，在莊園當中忙碌了太久，稍事休息，找個美女聊聊天，是非常不錯的享受，於是當女警員向他們提問的時候，這些人並沒有表示出不耐煩的樣子。

成功邁出第一步之後，查理斯的工作也就順利多了。兩天之後，他從一名叫做邁克的農場主那裡得到了消息，並且及時地通知了總部，成功抓捕了這一批毒販。而在拜訪邁克的時候，查理斯依然是讓自己的美女同事先打頭陣。

「好啦，警察小姐，你們每天都有很多問題要問，但是我們需要勞動，如果我們不勞動，誰來幫你烤麵包呢？」面對女警員的提問，邁克顯得有些不耐煩。

「不會耽擱您很多時間的，我們只是有幾個小問題而已。」

邁克說道：「這裡治安不好，幾乎每天都有案子發生，所以警察就到處取證。破案是警察的職責，你們不應該讓其他人來做你們自己的事情。」

聽到這樣的話後，查理斯對邁克說：「您說得很對，先生，我們沒有打算要將自己的責任推到別人頭上去。」

「那麼，你們可以走了，我還有很多事情要做。」

「好，打擾了，祝您好運，」查理斯一邊說，一邊拿出一張紙遞給邁克，並且對他說，「最近頒布了鼓勵農業發展的優惠政策，都在

這上面，您可以看看有沒有符合自己的。」

邁克笑了笑，接過這張紙，開心的說：「真的是很不錯的政策嗎？都是些什麼政策？」

查理斯說：「上面大概寫了二十條，我也沒仔細看，您留著看好了。」

邁克尷尬笑了，說：「對不起，長官，我不識字。」

查理斯稍稍詫異了一下，隨後就找了一片樹蔭，然後四個人坐了下來，而查理斯則將上面的訊息念了出來。查理斯看得出來，邁克對於這一次的改革非常滿意，據他說，將來的新政策會讓他每年多收入三千美元。

「這筆收入很不錯了，我沒有上過學，農田就是我的全部。謝謝你們，能認識你們感覺真的很好。」邁克有些興奮的說。

聽到這樣的話，查理斯笑了起來，他對邁克說：「這和我們也沒有什麼關係，政策完全是政府制定的。不過，如果你想要賺大錢的話，那麼我倒是建議你看看這幾張照片，現在整個聯邦都在通緝他們，其中這個領頭的獎金有三萬美元呢。」

非常幸運的是，那幫從新墨西哥州流竄過來的毒販，正好就住在距離邁克半英里之外的地方。所以，對於這些人，邁克很容易就把他們指認出來了。就這樣，在邁克的幫助下，查理斯成功抓捕了這批罪犯，而邁克也得到了令他滿意的高額獎勵。

查理斯尋求農夫合作的例子，實際上就是成功運用南風效應的典型例子。他透過自己的言行，不斷地拉攏邁克，最後成功得到了對方的指引。也就是說，「南風效應」用到人際交往當中，同樣也是成立的，就像案例中，邁克在感受到了查理斯對自己的關心之後，也真誠地幫助了對方。所以說，南風效應

是一種非常有效的交流、管理手段。

　　由於長期受影視宣傳的影響，人們很容易將維護正義的聯邦衛士看作是水火不進的「蜘蛛俠」、「鋼鐵俠」那樣嚴肅刻板的人。實際上，美國警察是一個剛柔並濟的群體，他們能夠很輕易覺察到目標對象的心理變化，並且在此基礎之上做出各種有效反應。為聯邦效力了二十二年的資深探長、著名肢體語言學專家喬‧納瓦羅就說過這樣一句令人深思的話：「察言觀色是作為一名聯邦警察的基本功，能夠引導別人主動同自己合作的，才是一名優秀的警探。」而他的言外之意就是，在與別人打交道的時候，南風效應是美國警察慣用的一大絕招！

第八章
迅速控制對方的情緒——
CIA 情緒致勝的心理戰術

CIA 認為，任何犯罪案件的發生，都需要在特定的情緒下完成。而由於人們的情緒是心理的外延，所以透過控制情緒、管理情緒、運用情緒，能夠達到攻心制敵的效用。CIA 特工從來不會忽視被調查者情緒上的變化，他們往往會根據被調查者外延的情緒，分析推斷出被調查者的心理變化，從而成功從對方那裡獲取自己想要的情報。在現實社會中，人們也需要向 CIA 學習情緒的操控能力。因為社會競爭激烈，人心複雜多變，你聽到的謊話往往比真話多，因此，你更加需要學習以情緒制敵的技巧。要知道，當對方做出某些行為，或者說出某些話時，情緒對他們的影響往往是非常巨大的。因此，人們有必要了解情緒的變化——如此一來，你就能更加清楚看到對方的心理活動，從而甄別出對方的話語是真實的還是謊言。

情緒致勝是擊敗對手的「獨門暗器」

　　二〇〇六年五月五日，退役後的麥可・海登上將，成為了美國中央情報局局長。無論麥可・海登身在空軍時，還是成為了 CIA 的局長後，他都非常關注情緒的管理和運用，而且他曾對 CIA 特工們這樣說過：「每個人的內心深處，都有一部分是脆弱的，如果你能抓住對方的脆弱點，那麼你就能控制對方的情緒，找出你想要的真相，蒐集到你所需要的情報。」在競爭激烈的社會中，當你面對紛亂複雜的競爭時，可以從麥可・海登上將的言辭中，得到一些啟發──抓住對方的脆弱點，進而控制對方的心理情緒，實現自己的心理目標。

　　二〇〇八年七月二十六日，底特律發生了一起槍殺事件──即將走進六十歲大門的老富翁德羅尼，被傭人發現死在了自己家中的游泳池中。警方接到報警電話後迅速趕到了案發現場──德羅尼的臥室非常凌亂，並且有一部分財物丟失，但麥可・海登上將分析現場情況後認為兇手可能並不是為了謀得錢財而殺害德羅尼的。而如果不是因為錢財，那麼兇手又是出於什麼作案動機殺害德羅尼的呢？德羅尼和大部分有錢人生活方式一樣，與他人相處時，沒有什麼太大的衝突。

　　雖然麥可・海登一直沒有找到德羅尼被害的原因，但他卻把懷疑目標鎖定在了德羅尼的女婿身上──傑裡・休士頓少校（他是一名出色的外交官）。麥可・海登之所以把懷疑的目光投向休士頓，是因為在案發當天，休士頓曾來到過案發現場──每個有錢人都會在門口

安裝攝影機，因為別墅占地面積比較大，這樣可以方便主人在第一時間看到訪客是誰，但是因為德羅尼不喜歡在其家中安裝攝影機，所以，麥可·海登只能從資料中獲得當天休士頓單獨來到過岳父家中的畫面。

德羅尼是被人擊中頭部，腦漿迸出死亡的。由此可見，兇手是一名慣常使用槍支的人，而休士頓身為少校自然很符合這一條件。雖然麥可·海登發現案發現場遺留的子彈是出自一支民用手槍，但是傑裡·休士頓依然是第一號嫌疑人，因為對於一個軍人來說，獲得槍支並不是太困難的事情。於是，麥可·海登決定對休士頓展開調查。在調查中，具備軍人心理素質的傑裡·休士頓對 CIA 的調查工作並不配合——他對麥可·海登的質問矢口否認，並用狡猾的言語對其進行反擊。

麥可·海登上將慢悠悠說：「少校，身為一個軍人，你應該清楚，殺了人之後，是無法逃脫法律的制裁的，並且，入室搶劫殺人，是不會缺少證據的。」

休士頓一臉不屑說：「身為外交官，我有極高的收入，誰會在乎他那點錢？即使你認為我殺了人，但是以為別人會相信，我會為了錢財謀害我的岳父嗎？」

麥可·海登沒有把休士頓的不屑放在心上，而是繼續試探著問：「難道你不是為了錢財殺害你的岳父？哦，看來我猜錯了，那麼你覺得情殺的可能性大嗎？不可否認，你岳父快到六十歲了，竟然還能找到美麗的莫妮亞做情人。看來，有錢真的可以買到很多東西，比如，青春靚麗的美女。」

休士頓嗤笑了一聲，以不屑的口吻說：「難道像我這樣英俊多金的外交官，會缺少美女的陪伴嗎？別說笑了，不只我的妻子對我迷戀不已，還有很多美麗的女人，都喜歡和我約會。」

　　麥可‧海登做恍然大悟狀，說：「哦，我知道了，你和你的岳父積怨頗深，最後你在忍無可忍的情況下，殺死了他。」

　　「這不可能！」休士頓回答得很乾脆，而當他接觸到麥可‧海登肯定的眼神後，又強調了一句：「我想你應該閉嘴了！」這一次，休士頓的言語中帶著明顯的憤怒。

　　休士頓情緒上的變化，早已被麥可‧海登捕捉到，他知道自己的試探造成了效果，犯罪嫌疑人的心理情緒有了明顯的變化，而這種變化讓麥可‧海登知道，自己離真相又近了一步。所以，麥可‧海登決定再接再厲，讓對方的情緒變化更加強烈一些。於是，麥可‧海登繼續說：「你說的並不是事實，你們夫妻的感情並不穩定，而且你喜歡上了你岳父的情人。而你岳父知道之後，抨擊你，拿走了原本想要送給你的房產……你們積怨頗深，你有足夠的動機殺死他。當然，你最無法擺脫的嫌疑是，你用了一把民用手槍，殺死了你的岳父，你以為這樣就能隱藏你作案的事實嗎？我們已經查到你購買民用手槍的線索了。」

　　在麥可‧海登的步步緊逼之下，休士頓的心理防線越來越低。最後，休士頓在極其憤怒的情況下，大聲吼道：「是的！我確實殺死了那個糟老頭，誰讓他總是跟我作對，我喜歡的人是善良的莫妮亞，而不是他那個任性刁蠻的女兒……」

　　從麥可‧海登整個調查的過程中不難看出，麥可‧海登一開始就不斷試探犯罪嫌疑人，結果成功發現了對方情緒上的變化，最終迫使其交代了自己的作案動機。在日常生活中，每個人都會遇到一些善於隱藏自己心理情緒的人，這些人就像一枚「定時炸彈」，隨時可能將你踩在腳下，作為他們的墊腳石爬上更高的頂峰。可以說，在面對這些隨時隨地都可能引爆的「恐怖分子」時，你一定要擦亮雙眼。要想不被他人利用和陷害，

就要像 CIA 特工一樣，學會用情緒致勝，巧妙將角色轉換，讓他們成為你獲得成功的「墊腳石」（在不違反法律及道德的情況下）。

那麼，CIA 特工是如何以情緒控敵攻心的呢？

（1）以刁鑽的問題激怒對方，讓其情緒脫離控制

麥可·海登指出：「其實，犯罪者遠遠比特工想像的聰明，在他們初步被設定為懷疑對象時，他們就知道自己可能會接受調查，因此，對審訊以及調查過程的對話，他們會在頭腦中設想無數遍，目的就是希望自己無論遇到多麼敏感的問題，都能臉色不變作出回答。可以說，在他們的想像中，任何千奇百怪的問題，甚至是每一個細節，都會從頭腦中想像很多遍。所以，CIA 特工需要提出更加難以回答的問題，或與案情無關的問題，以讓局面脫離犯罪嫌疑人的預想，讓他們措手不及、驚慌不已，而往往這樣就能達到意想不到的效果。」

在現實社會中，也是如此，我們在面對競爭對手時，會不可避免與其心理博弈，而要想在博弈中勝出，就要懂得以對方意想不到的招數去刺激對方。因為，在此之前，競爭對手也會想過無數個可能和結果，但如果你的攻擊超出了他們的預想，那麼就能讓他們自亂陣腳，而為了掩飾自己的慌亂，人們往往會選擇發怒。可以說，在這種情緒失控的情況下，正常人是很難保持應有的理智的，並且這個時候也是他們最「脆弱」的時候。無疑，這個時候的他們很容易被擊敗。所以說，如果想要成功地控制住對方的心理情緒，擊敗對手，人們就要像 CIA

特工一樣，懂得運用情緒控敵。

(2) 善於觀察對手的情緒表情

　　麥可‧海登曾說過：「即使被調查者說謊，我們也能從他們的表情中獲得真實的訊息。CIA 曾對近千名罪犯做過研究調查，結果發現，每當他們在說謊之前，都有著與平常不同的情緒表情。」對此，美國中央情報局的資深心理學專家菲特納表示：「或許，每個人都可以利用表情欺騙他人，但是人們利用表情欺騙他人的同時，也會被表情利用。」事實上，在現實社會競爭中，你向對手攻擊的時候，對手也在向你進攻，但是在這個過程中，你會從親身的體驗中感覺到，當你接到對手各式各樣的攻擊時，你的情緒反應會有所不同。反過來講，你的對手也是如此，你明白了這一點之後，就可以從對手的反應中分析判斷其心理情緒。然後，再透過不同的方式，向對手施加壓力。而在這個過程中，你不能忽視對手的情緒表情，因為只有抓住了競爭對手的情緒表情，你才能掌握對手的心理情緒，讓自己在心理戰爭中謀得成功。

適時對敵人「連哄帶嚇」，讓其心理產生極度的絕望

　　CIA 犯罪心理學家詹姆斯·瑞茜表示：「每個人身上都有雙重人格，也就是雙重心理。」比如，人們渴望長大，但是長大之後，又渴望回到小時候。也就是說，無論一個人看上去多麼成熟穩重，但是當他在親密家人（如父母）身邊的時候，他就成了一個孩子，而且幼稚心理就會浮現出來。這是因為，人們在面對社會和陌生人時，他們通常會武裝自己，而這時他們的心理也變成了「成人心理」，但當他們卸下偽裝時，就會恢復到「孩童心理」。

　　其實，不論多麼成熟的人，也都有他幼稚的一面；不論多麼陰險狡詐的人，也總有他天真的一面。世界上並不存在絕對的壞人，也不存在絕對的好人。而 CIA 探員因為有收集情報的需要，所以經常偽裝成各式各樣的人，融入到人群中。而在這期間他們接觸到的事物總能讓探員們有驚奇的發現，比如，總是圍堵低年級學生，敲詐勒索其錢財的高中生，在看到老太太過馬路時，會主動上前攙扶；窮兇極惡的罪犯，會把一隻受傷的流浪狗撿回家悉心照料；盜竊犯在偷盜分贓之後的第一件事，不是去逍遙快活，而是去孤兒院給那些無家可歸的孤兒買禮物……因此，詹姆斯·瑞茜認為，每個人都有雙重心理，有窮兇極惡的一面，就有善良可愛的一面；有毫不畏懼的一面，就有膽怯懦弱的一面。

正是基於這一心理特點，CIA 探員在調查嫌疑人的時候，為了能夠摸清楚對方的心理和情緒狀態，常常會運用連哄帶嚇的心理戰術。所謂的連哄帶嚇，就是說一方面以強大的氣場威脅犯罪嫌疑人，給他們的心理造成強大的壓迫感，而另一方面則對他們實施誘哄策略，即循循誘導他們。由於受到威脅，對方的心理還留有餘悸，再加上經受挫折之後的恐懼心理，會讓他們的心理防線變得脆弱，而這個時候，CIA 探員再對其進行利誘，就可以達到意想不到的效果。比如，CIA 探員在審問嫌疑人的時候會說「如果你願意把作案的過程交代清楚的話，我想你是可以獲得寬大的處理的」或說「坦誠可以讓你少受懲罰」等哄騙的話語，以讓其在恐懼中按照 CIA 探員的誘導去行動。

CIA 對連哄帶嚇的調查方式的解釋是，每個人都有堅強的一面和脆弱的一面，堅強面能讓人獨立面對很多困難和問題，而脆弱面往往是人們的無助面，也是人們在恐懼和驚恐時的心理情緒。比如，一個成年人，他可以為了事業在外面風餐露宿，在殘酷的競爭中拚搏廝殺，即在別人面前他是銳不可當、堅忍不拔的，但是在父母或妻兒面前，這堅強的一面就會隱形——他會在父母面前流淚，會在妻兒面前露出疲憊。CIA 探員在調查嫌疑人的過程中，會偽裝身分靠近被調查者，然後運用「連哄帶嚇」的方式對待被調查者，即準確地利用「哄」的技巧，讓對方對他們產生依賴心理，然後摸清被調查者的心理，讓其逐漸相信他們，然後，再以嚇的方式讓對方依照自己的思維去行動。

二〇〇五年六月十四日傍晚，CIA 情報員洛特森奉命在洛杉磯潛伏，他發現有一夥人把一包炸藥放進了一個背包裡，裝作普通乘客到地鐵站乘車。很快，洛特森斷定這夥人是恐怖分子，他們攜帶著危險物品乘地鐵，是想引爆炸藥，製造一起「地鐵爆炸事件」。

　　當洛特森發現這夥人的意圖之後，便立刻透過針孔傳輸攝影機向上級報告了這一情況。由於他知道此事耽誤不得，所以他就立刻投入到行動裡去了。洛特森跟著這幫恐怖分子一起上了車，他首先確定了其中被稱為喬治的胖子是恐怖分子的頭目，所以他決定接觸喬治。其間，喬治自稱是一名建築公司的老闆，而洛特森也將計就計，假裝自己是一名房地產商人，並邀請喬治及其同夥一起去附近的餐廳吃飯，談點生意。接下來，洛特森透漏自己有一個專案，需要找合作夥伴，但是一直沒有合適的朋友幫助自己。

　　喬治聽了洛特森的話，不動聲色打了一個電話，就在洛特森以為恐怖分子發現了自己的身分的時候，一位陌生的男子來到了他們就餐的餐廳。喬治起身介紹說：「這位才是我們的老闆喬森，我只是他的助理，有什麼事情你還是跟他詳談吧。」

　　此刻，洛特森才明白，原來真正的頭目是喬森，而喬治只是一個幌子。當喬治遇到洛特森之後，他認為洛特森可以成為他們不在場的證人，所以，他聯繫了自己的上司，並說了自己的看法，而頭目喬森對這一方法也極為贊成。他認為案發之後，如果自己能找到一個不在現場的證人，那麼警方就無法將他定罪，而案件也會成為「無頭懸案」。但是，喬治和喬森都打錯了算盤——他們沒想到洛特森是 CIA 探員。

　　當洛特森和喬治、喬森坐在一起的時候，還沒等服務員將飯菜端上來，洛特森就開門見山說：「我有一些好東西要給你們。」

　　喬治和喬森心裡一陣高興，心想：「剛一見面，就遇到一個傻

瓜。」但是，洛特森接下來說的話，卻讓他們的心沉入了谷底。

洛特森沒有忽略掉喬治和喬森臉上的欣喜，繼續說道：「我要送給你們的是一些背包，是我在洛杉磯地鐵附近撿到的。」

洛特森的話剛說完，喬治和喬森就對望一眼，並且兩人的額頭上都有明顯的汗水。而喬森畢竟是恐怖分子的頭目，他經歷過大風大浪，所以，他很快讓自己的情緒平靜了下來。因為他知道，如果讓洛特森看出自己心理的恐懼，那麼自己就真的一敗塗地了。所以，喬森以平靜的語氣說：「噢，是嗎？可我們不是在談房地產和建築工地的事情嗎？剛見面您就送我們一人一個包，似乎不太好吧？」

喬治也在一邊調笑道：「如果包裡裝的是黃金，那麼我們會收下的。」

洛特森說：「不，那裡面不是黃金，至於裡面是什麼東西，我想你們比我更加清楚，現在它們已經不屬於你們了，因為現在它們大概在去中央情報局的路上。」

喬治和喬森當下臉色大變，他們意圖讓洛特森成為人質，但洛特森看出了他們的想法，接著說：「你們知道嗎？事先警方已經得到了消息，我猜想他們現在應該正在外面蹲守，如果我被迫站在你們身前的話，脅迫警務人員的刑法不知道是什麼。」然後，洛特森又似乎無意嘆息了一聲，說：「不知道今天我們還能否一起吃完這頓美味的午餐。」

喬森故做鎮定說：「既然如此，我們也沒有什麼好說的了。」而一旁的喬治，也故做鎮定擦了擦額頭上的冷汗。

看著兩人的情緒緊張，卻假裝鎮定的樣子，洛特森話鋒一轉，誘哄道：「如果你們願意和我合作，那麼背包的事情就與你們無關，也沒有人知道你們策劃了一起恐怖爆炸事件。你們認為如何？」

喬治和喬森對視一眼，頭目喬森開口說：「我們真的能沒事？說說你的合作方法。」

洛特森用真誠的語氣說：「是的，我以人格擔保你們會沒事，只要你們能列出其他參與者的名字。」不過，洛特森在心裡加了一句：但我的人格一直不好。

喬森沉默了，等服務員走過來說：「先生，你們的菜好了。」他才被驚醒，然後長嘆一聲，說：「好吧，我們願意和你合作。」

從這個案例中，可以看到，CIA 探員洛特森在調查嫌疑人的過程中，先以恐嚇手段威逼，迫使喬治和喬森兩人產生恐懼心理，而就在他們認為「一切都完了」、「等著被抓」時，洛特森又運用了「哄騙」的手段，迫使兩人與自己合作，交代出其他同夥。試想一下，如果在現實競爭中，你也能把「連哄帶嚇」的作用發揮到最大，那麼你也能成為競爭的勝利者。在日常工作中，一些人或許會認為，這種連哄帶嚇的手段並不光明正大，甚至有些「先小人，後君子」的意味，因此，大部分思維匱乏的人是不會用到這一計謀的。

而在一些談判活動中，高明的談判者或許會用到連哄帶嚇的技巧去說服對方。比如，高明的談判者在與對方談判時會先說出雙方不合作的話，會給對方帶來哪些損失，而這些損失會給對方造成多麼巨大的影響，但緊接著，又會說，和己方合作能給對方帶來多大的益處，而從這些益處中，對方能謀得哪些好處或利益等。也就是說，先抓住對方的恐懼心理，然後以引導手段對對方進行誘哄，進而掌握對方的心理，贏得更多的競爭機會，這也是 CIA 探員慣常使用的調查手法。正如詹姆斯‧

瑞茜所說的那樣「每個人的內心深處，都有兩個禁地：第一個是自己最恐懼的地方，而第二個則是最傷感的地方。通常，給人造成巨大傷害的並不是後者，而是前者。」

要知道，傷感心理只會讓人變得一蹶不振，而恐懼心理則會讓人產生絕望的情緒，在絕望中人往往會變得膽小，膽小的人是無法獲得巨大的成功的，因為他們沒有勇氣承受挫折和失敗。所以，CIA 熱衷於找到犯罪嫌疑人內心裡最為恐懼的東西。或許對很多人來講，這是一個很難的問題，但是對於擅長「攻心控敵」的 CIA 探員來說，這個問題卻是非常簡單的。在審訊或調查過程中，犯罪嫌疑人最刻意迴避的東西或事情，往往就是最讓他們恐懼的事物。因此，在日常工作競爭中，你一定要觀察競爭對手避諱什麼，並找到他們迴避這些事物的主要原因，然後適時地對對方連哄帶嚇，以使自己在競爭中擊潰對手，謀得先機。

擾亂對方情緒的謀略：利用環境的布置讓對方繳械投降

　　CIA 探員對蒐集情報訊息有著超乎尋常的能力，而因為工作責任的關係，CIA 探員要執行各種反間諜工作，以及間諜的審訊工作。可以說，能夠成為間諜的人，心理素質必然是經受過專業訓練的。因此，普通的審訊方式自然在他們身上達不到效果。這時，CIA 往往會選用環境的布置來審訊間諜。因為 CIA 認為，環境的布置能對人們的心情產生重大的影響。比如，當你走進一間屋子時，如果天花板很低，就會使人的內心產生一定的心理壓力；而如果環顧屋子四周，發現屋子裡面髒亂不堪的話，便會讓人壓抑的心情變得暴躁不安；但當你走進的是一個寬敞明亮的屋子，而你環顧四周又乾淨整潔時，你的心情就會變得舒暢、放鬆。這時，人的戒備心理也會放鬆，而這也是 CIA 選用這樣的方式審訊間諜的原因。

　　CIA 資深心理學家指出，當人們進入到一個舒適的空間時，之所以會感到輕鬆，不僅僅是因為受到物質的影響，更重要的是心理環境。在現實生活中，人們在布置獨立的私人空間的時候，都會希望藉此來影響自己的心理環境。而在一些特定的場合或環境裡，恰到好處布置空間，可以影響到所有人的心情。比如，圖書館或咖啡館的布置格調非常寧靜、素雅，就是凸顯環境的氛圍，讓每個進入到這種寧靜空間的人，都能感受到安靜祥和的氣氛。

在日常工作中，一些精明的老闆特別注重辦公環境的布置，其主要的目的是調動員工工作的積極性。而在一些談判或交流活動中，高明的談判人員會在選擇談判場所方面花費較長的時間，其目的就是讓談判環境更加有氣氛。通常，談判者會選擇避開用餐的尖峰時刻，挑一些人少、寧靜的環境和他人進行談判活動，比如，咖啡廳、飲料店等。在這些環境中，雜音明顯較低，不會受到太大的干擾。

CIA 指出，在創造心理環境氣氛的時候，色彩的運用非常重要。為此，心理學家進行了多次研究，最終發現：人們在某種色系環境下，身體部位的動作頻率會增加，而在某種色系環境下，身體動作的頻率卻會減少，甚至有時候連一點基本的動作都沒有。要知道，人們的身體部位的每一個動作，都是心理狀態的真實反映。因此，心理學家認為，環境色系的布置，能對人們的心理情緒產生一定的影響。也就是說，在人際交往中，雙方想要進行愉快的交流，那麼就應該對空間進行一定的色彩布置，以讓雙方的動作和心情都達到最好的狀態。

當然，前提是你要對色彩對他人心情的影響有一個基本的了解。如果你細心觀察周圍空間的環境，就會發現白色系是最為常見的，因為白色能給人帶來平靜、安於現狀的心理感受。此外，白色能讓人覺得明亮、開朗，在這種以白色為基調的環境裡，人們的身體動作頻率會下降，因為心理感受比較開闊，思想會變得清晰。在白色的交流環境中，人們往往會表現得更加自我，思考的時間也會增加，因此，在白色調的環境中談判，會延長談判的時間。

　　黃色是與白色相近的顏色，它的色調比較活潑、明豔，當人們身處這種色調的環境中時，心情會變得更加開心，樂於與他人分享，同時，也會希望得到他人的認同。因此，CIA 建議人們，如果想和對方發生實質性的互動，那麼選擇黃色色調的聊天環境最好不過，因為在這種色調的環境中，人們會變得更加樂於分享自己的心情和內心的真實想法。

　　通常，IT 行業者喜歡在藍色的環境中洽談，因為藍色的基調讓人看上去非常順眼，它所代表的是一種理智和睿智。CIA 在對犯罪嫌疑人的心理進行分析時，會選擇使用藍色來布置環境。比如，使用藍色的窗簾，或是在牆壁上掛上海洋或天空的圖景——藍色能夠讓人們的心靈變得柔軟，即在這種色調的襯托下，人會覺得很舒服，而當 CIA 探員再詢問他們一些事情的時候，他們就不會暴躁不安了。或許，有些人會認為藍色是憂鬱的顏色，但是這通常指的是墨藍，也就是藍色和黑色混合在一起所產生的色系。而能放鬆人的腦部神經的藍色，則是天空或海洋的那種清澈、明亮的藍色，即淺藍。

　　與藍色相比，綠色更加回歸自然，能讓人產生積極、愉快的心理狀態。可以說，當人們身處在綠色的環境中時，行為和心理就會變得積極、認真一些，戒心也會放低，但是效果並沒有藍色好，所以，CIA 犯罪心理研究人員們，更樂於在藍色的環境中和犯罪嫌疑人交談。除了那些鮮明的淡色之外，深沉的咖啡色往往能讓人的情緒變得穩定，而在咖啡色的環境中，人們的心情會變得沉甸甸的，果斷的人也會變得猶豫和固執起來，即不會輕易做出決斷，且更加執著於自己的想法。此外，

在咖啡色的環境中，人們的內心也會變得不太開朗、開闊，從而不會輕易附和別人的話，甚至警惕性會降低，不會太在意對方的小動作。因此，CIA 認為，咖啡色的環境不適合和犯罪嫌疑人交談。

當然，CIA 也會運用一些比較刺激的顏色。比如，紅色。在紅色的環境中，人們就會有點冒失和莽撞的行為，並且會情不自禁多說話，熱情交談，並附和他人的意見。不過，在以紅色為基調的環境中，人們往往會因為一時的衝動，做出讓自己後悔的舉動。因此，在一些商務談判等高端活動的辦公環境中，高明的決策者會避開這種讓人頭腦發熱的顏色。除了色彩之外，聲音也是影響人們情緒的一部分因素。對此，CIA 認為，聲音是環境的一部分，色彩滿足的是人們的視覺，而聲音滿足的則是人們的聽覺，它們是相輔相成的，只有經過緊密的配合，才能達到意想不到的效果。因此，CIA 在一些審訊活動中，除了著重於色調之外，還會注意環境的聲音部分。

人們在交流活動時，如果以柔和的聲音為背景，那麼就會讓雙方擺脫很多心理困擾。同時，在雙方交談的時候，你也應該特別注意自己的聲音，因為不同的聲音能帶給別人不同的情緒體驗，所以應盡量避免發出一些怪異的聲音，以免讓他人對你產生不滿情緒。CIA 曾做過一項關於交談時，聲音環境對人們情緒的影響的實驗，結果發現：嘈雜的聲音環境，以及交流時的怪異音調，會引起他人的不滿；而平和的環境，以及交流時的溫和言語，能使交流活動獲得圓滿的成功。由此可見，環境的聲音對於交談活動十分重要。當然，這也包括雙方說話的

聲音。在交談活動中，人們應該注意以下幾種聲音類型。

(1) 帶有攻擊情緒的聲音

通常人們在與人發生衝突或與他人爭論的時候，情緒會特別激動，以致說話用力過度致使聲帶受傷，發出的聲音總是比較嘶啞、難聽。而在與人交談時，如果你發出這種聲音，便會讓人覺得你情緒不佳。CIA 指出，人們普遍不喜歡這種聲音，所以人們在聽到這種聲音後心情往往會隨之低落，會想辦法遠離發出這種聲音的人。因此，在交流活動中，盡量不要使用這種帶有攻擊情緒的聲音。

(2) 不在乎的聲音

這種說話聲音，具體表現的音調就是沒有起伏，讓人聽起來非常平淡。同時，這樣的聲音會給人一種冷漠的感覺，如果交談的過程中，你總是用這種聲音說話，就會讓對方感覺你整日生活在沉悶中，負面情緒太多，並且你對對方所表達的意見或內容無動於衷。因此，對方就會受到挫折，會逐漸放棄和你交談的念頭。而帶著不在乎的情緒和他人交談，也會讓人感覺軟弱無力，給人一種缺乏自信的感覺，因此，就無法讓人對你的話產生信服感。如果犯罪嫌疑人在和 CIA 探員交談時，以這樣的聲音為背景，那麼探員就會認為此人正處於心虛狀態中。

(3) 聲音洪亮的談話方式

CIA 探員在審訊工作時，經常運用這種談話方式，目的只

是想用氣勢壓住對方,對對方造成威懾。但是在一般的交流活動中,這種洪亮的談話方式,是不可用的。雖然這是一種自信的表現,但是在某些交談活動中,和你談話的人,會因此感覺到尷尬。如果對方性格隨和,那麼他會適時提醒你;而如果對方脾氣不好,那麼他就會停止和你交談,然後離你遠遠的。

總之,無論是色彩還是聲音,都是環境背景的一部分,都能對場景氛圍產生重大的影響和作用,因此,CIA 建議人們在人際交往活動或交流活動中,一定要注意環境氣氛的營造。

透過對方的興趣愛好來控制對方的情緒和心理

　　CIA 指出，人們的興趣愛好在某種程度上會影響人們的情緒和心理狀態，興趣愛好能反映出人們的心理特徵。比如，同樣是喜歡收藏的人，有的人喜歡收集郵票，而有的人卻喜歡收集紅酒。可見，興趣愛好和性格特徵有著千絲萬縷的關係，而這些都能直接影響到人們的心理和情緒的變化。在 CIA 探員調查嫌疑人所涉及案件的過程中，同樣不會忽略他們的興趣愛好，因為，這正是 CIA 探員分析嫌疑人性格的重要線索。

　　在 CIA 探員調查的人中，通常都有這樣兩種人，一種熱愛運動，而另一種則是不愛運動。人們常說運動能使生命健康，而且運動使身體健康的同時，還能讓人的心理變得健康起來。針對此，CIA 指出，有的人會去一些健身俱樂部運動，這種人通常善於交際，喜歡熱鬧，容易面對人生的困難和壓力。遇到困難和壓力時，只要能獲得身邊人的鼓勵，就會堅持下去，永不放棄。如果沒有人鼓勵，他們通常也不會讓自己吃苦受累，很容易隨遇而安。而在一些私人會所進行運動的人，則是離群索居的表現，他們通常喜歡單獨行動，在遇到事情的時候，與聽取別人的意見相比，他們更願意按照自己的想法處理，甚至當別人給予與他意見相悖的意見時，他們的情緒會顯得特別排斥。因此，CIA 認為，喜歡去一些私人會所運動的人，性格堅強，做事沉穩內斂。而透過對被調查者運動方

面的了解，CIA 也從中找到了許多破案的突破口，處理了很多案件。

這天，美國阿拉斯加州當地的富翁瑞克被菲律賓女傭發現死在了家裡。CIA 接到這一調查任務後，隨即趕往案發現場。趕到現場之後，CIA 探員就發現富翁瑞克倒在血泊中，而當地的警察正在封鎖現場。問明現場的情況之後，CIA 找到了死者的三個傭人，並對兩個男傭、一名女傭分別詢問，而發現死者屍體的就是那名女傭。

CIA 探員問報案的女傭人：「你們的主人是被人開槍打死的，死亡時間大約在晚上十點五十分左右。現在，我們需要了解一下，當時你在幹什麼？」

女傭人回答：「我每天晚上都很早就睡覺，大概八點我就會睡著，所以我沒有聽到槍聲。」

CIA 探員繼續問：「那麼，你有懷疑的對象嗎？」

女傭人說：「我認為可能是那名叫卡菲兒的男傭做的，因為他的脾氣非常暴躁，總是和主人吵架，甚至還揚言要殺死主人。」

隨後，CIA 盤問了那名叫卡菲兒的男傭，並問他：「案發時你在幹什麼？」

卡菲兒說：「我晚上有出去玩的習慣，當時我正在回來的路上。」

CIA 探員問道：「你覺得你的主人應該是被誰殺害的？你有懷疑的對象嗎？」

卡菲兒說：「我想大概是有人入室搶劫，把想要逃跑的主人開槍擊斃了。我沒有懷疑的對象，我對其他傭人的了解不多。」

CIA 探員繼續問：「聽說，你和你的主人不和，曾發生過多次爭執，還揚言要殺死他。對此，你有什麼需要解釋的嗎？」

卡菲兒驚呼：「哦，我的上帝！究竟是哪個該死的告訴你們的？我雖然與主人爭吵時說過要殺死他的話，但那只是為洩憤，我怎麼會真的去動手殺人呢？我可沒有那麼大的力氣，你看我身材如此瘦小，而我的主人可是我的兩倍啊。我想另一位傭人卡蒙斯或許才有那麼大的力氣吧。」

緊接著，CIA 探員審訊最後一名男傭卡蒙斯：「案發當時，你在哪裡？在做什麼？」

卡蒙斯回答道：「我晚上有散步的習慣，案發當時我正在附近散步，我大概在外面走了一個鐘頭，而我回來之後，就去了傭人專用的浴室洗澡了，並沒有看到主人。」

CIA 探員接著問：「那麼，你有懷疑的對象嗎？」

卡蒙斯想了想說：「我懷疑那名女傭人，因為她一直對主人不滿，大概是因為主人曾摸過她的胸部吧……」

聽完三個傭人的供詞，CIA 探員開始分析。據三個傭人的說法，CIA 設想，女傭人平常睡覺很早，如果她當晚很晚才休息的話，那麼今天在審問的過程中，她一定會出現睏倦的動作，因為死者是在將近十一點的時候遇害的，但看女傭人在接受審問的過程中，精神奕奕，顯然是睡眠很充足，而如果兇手是女傭人，那麼她的生理現象不會表現得那麼正常；據男傭人卡蒙斯稱，他有散步的習慣，而 CIA 犯罪心理學家認為，經常散步的人，心態通常都比較平衡，很少因為一些小事讓自己失去理智做出過分的事情；男傭人卡菲兒本身與死者瑞克就有爭執，並且瑞克早有辭退他的打算。因此，CIA 探員認為男傭卡菲兒的嫌疑最大，即他是最可能作案的人。經過仔細的調查後，CIA 探員找到了一些卡菲兒作案的證據，以致卡菲兒在強大的心理壓力之下，俯首認罪，交代了自己的罪行。原來，當天晚上，死者瑞克提出要辭退卡菲兒，而卡菲兒因不滿主人給的傭金，一時

情緒激動，與其爭吵起來，而在與其爭執的過程中，他失手殺死了瑞克。然後，他在慌亂中迅速抹掉了自己的指紋痕跡，又迅速離開了現場，製造了自己晚上出去玩的假象。

在整個調查過程中，CIA 探員從三名嫌疑人的個人習慣以及興趣愛好上著手，對他們的性格特徵進行分析，然後把目標固定在犯罪嫌疑人身上，最終破獲了案件。可見，興趣愛好能傳遞一個人的性格特徵，因此，CIA 在調查嫌疑人時，往往會關注嫌疑人的興趣愛好，因為 CIA 知道從興趣愛好上能分析出一個人的性格特徵，而知道了嫌疑人的性格特徵後，就很容易分析出他們的心理和情緒變化了。比如，在現實生活中，有的人喜歡唱歌跳舞，這類人通常喜歡表現自己，處世態度比較圓滑，而無論是唱歌還是跳舞，都要求人的身體動作自然，從而給人一種視覺美，而這種美則需要人們多加練習，這就致使喜歡唱歌跳舞的人擁有了堅韌的性格，在遇到麻煩的事情時有了一定的忍耐力。

再比如，酷愛玩新東西、喜歡炫耀自己，追求時尚潮流，並且性格上有些憤世嫉俗，對那些平凡、庸俗的東西向來不屑。雖然這樣的人看上去非常潮流，有些不務正業，但是他們個性要強，當他們堅持做一件事情的時候，往往會堅持到底。但因為他們厭惡庸俗的緣故，他們在人際交往上顯得有些「遲鈍」，對於不喜歡的人，他們向來懶得與其打交道，所以他們很難博得他人的好感。而愛好散步的人，內心情緒往往比較悠閒、平和，對那些需要快速完成的事情或計畫沒有興趣，不喜歡花費太多的時間迫切做一件事情，在人群中也比較普通，很容易讓人忽略。因此，在富翁被殺的案件中，男傭卡蒙斯就是

那種人，所以 CIA 才斷定他沒有作案。這種人雖然看上去普通，但是意志頑強，是非常有耐心的人，對挫折和失敗並不懼怕，對自己充滿信心，身心都充滿了正能量。

可見，在現實生活中，每個人的性格特徵都不同，因此，他們的愛好也不盡相同。性格內向的人喜歡一些平和的活動；而性特別向的人，則喜歡一些熱鬧的活動。值得注意的是，這些興趣愛好都能反映出人們的情緒和心理特點。因此，CIA 認為，只要從對方的興趣愛好出發，就能在人際交往中有效掌控全局。

理性看待對方的詭計，自我情緒控制同樣是致勝法則

　　在外人看來，每一位 CIA 探員都是理智、睿智的，而他們之所以能做到這一點，全靠日常的情緒控制訓練。CIA 特工邁克・德紐爾表示：「憤怒是一種能量，如果不加以控制，那麼它就會泛濫成災；而如果巧妙加以控制，又能得到意想不到的收穫。」情緒是伴隨人們的思維產生的，往往能影響到人的心理變化。可以說，任何一個成功者都有著非凡的自制力，如果情緒激動可以成為一種習慣，那麼讓情緒平靜也可以成為一種習慣。

　　在一些有名的企業，會擺上專門以公司老闆形象製作的橡皮人──這樣一來，如果哪個職員情緒憤怒，就可以對橡皮人大打出手，而一番「打鬥」之後，職員的憤怒情緒就會消減大半。同樣的道理，如果你在生氣的時候，做一些劇烈的運動和娛樂活動，即使只是隨便走走，散散步，你憤怒的情緒也會逐漸平靜。CIA 指出，人們在憤怒的情況下發火，也會成為一種習慣，而想要克服這種習慣，就要讓自己變得冷靜和理智。但要做到這一點是有一定難度的，因此必須經過慢慢的鍛鍊，不斷提高自身的自制力才能達成這一目標。因為個人的自主控制能力有限，所以在訓練特工的控制力時，CIA 要求特工們互相監督，一旦一人露出發怒跡象，那麼其他人就可以立即以各種方式對其疏導、暗示，以阻止他做出不理智的行為。

在現實世界中，無論是多麼優秀的人，都無法避免情緒的包圍——每個人都有最基本的情緒：喜、怒、哀、樂。而這也是構成人們豐富情感以及旺盛生命力的基礎。也就是說，人們都是情緒的「奴隸」，任何時候都無法擺脫情緒的「控制」。比如，情緒憤怒的時候，你會失去理智、發火，因無法控制自己的行為而摔東西；而在情緒愉悅的時候，你會不由自主大笑，或者想要唱歌、跳舞等。

美國中情局曾針對情緒對健康的影響做過一個簡單的實驗研究：在實驗中，專業人員將玻璃管插在溫度攝氏零度，冰和水的混合容器裡，用以收集不同情緒的「氣」。結果發現，人們心情愉悅時，呼出的氣，能凝聚成透明的水氣，沒有任何雜質；而人們在生氣或憤怒的時候，呼出的氣則是帶有紫色沉澱物的凝聚體。研究人員將這些有沉澱物的東西，注射進小白鼠身上，不到五分鐘的時間，小白鼠就死了。可見，負面情緒的危害不僅對人們的心理有著重大的危害，對人們身體的危害也是同樣的。如果 CIA 探員在面對調查人員的不合作時，用粗暴的情緒和行動去解決問題，那麼結果就會事與願違，只會讓調查工作難以進行。

CIA 特工的工作就是為國家打探情報，因此，他們接到的任務，都是臥底工作，可能會扮演成日常的清潔工人，也可能扮演成不起眼的商人，甚至就連走街串巷的小販，都有可能是CIA 特工。

馬洛尼成為特工已經五年了，在這五年之中，他做過各式各樣的工作，都是為了收集情報。由於臥底工作都存有很高的

風險，所以臥底極有可能在工作中失去生命。

一九九三年年底，馬洛尼奉命去洛杉磯做臥底，他的身分變成了一個保險業務員。而他所接受的任務是，待在證券大樓或附近，推銷保險給那些炒股票的人，尤其注意那些看上去像黑社會的人。

一天，馬洛尼在證券大廳裡，發現了一名穿著黑色大衣，狀似黑社會「大哥」的中年人在大廳中察看股票指數。由於馬洛尼經受過專業的訓練，所以看到這個身著黑大衣的人身上鼓鼓的，便大膽猜測，他身上可能攜帶著危險物品。

於是，馬洛尼向穿黑大衣的中年人走了過去，並對他說：「嗨，先生，你買了什麼股票？」中年人瞄了馬洛尼一眼，不予理會。馬洛尼再接再厲說：「股票的變化可是很微妙的，下跌的話，你的鈔票就打水漂了。當然，你可能不需要保障，但是你的家人或許需要。」說完，馬洛尼就拿出了自己的保險員證件——他想透過推銷業務的方式，接觸這名可疑分子。

中年人說：「滾開，我不想和你廢話。」

馬洛尼拿著證件的手握緊了一下，但是他很快就平復了下來，繼續鍥而不捨拓展業務：「哦，先生，不要這麼兇，請收下我的名片，相信對你會有用的。」中年人順手拿起名片，將嘴裡的口香糖吐在了上面，然後隨手一撕撒在了地上，然後又用黑色皮靴踩了踩，還順便說了一句「該死的」。

普通人或許會舉起拳頭和對方大幹一場，但是接受過情報局專業訓練課程的馬洛尼，卻很好控制了自己瀕臨爆發的情緒。他首先深呼吸，然後掛上「完美」的笑容，緊追而去，其間一直向對方推銷保險。在兩人爭執間，馬洛尼得以接觸到對方，把一枚細小的竊聽

器放在了中年人的身上，然後裝作失落的樣子，默默走開了。等回到自己的據點後，馬洛尼拿出竊聽器，聽到了中年人和他同伴的對話。果然，事情如馬洛尼猜測的那樣，中年人今天是在考察地形，明天他們準備帶著火藥和槍支，炸毀證券大樓。了解到這一情況之後，馬洛尼迅速聯繫了自己的上司，並報告了這一情況，最終把這起恐怖襲擊事件消滅在了萌芽中。

在整個制敵過程中，面對可疑分子的羞辱和謾罵，馬洛尼並沒有露出憤怒情緒，而是依舊笑面春風和對方交談。這樣，不僅致使對方放鬆了警戒心，還使事情處理起來變得簡單了。試想一下，如果面對可疑分子的羞辱，馬洛尼沒有控制情緒，保持理智，而是與其針鋒相對，拳腳相向，那麼恐怕就無法達到最終的美好結局了。CIA 第六任局長理查·赫爾姆斯表示：「平時的鍛鍊能讓自己提升控制情緒的能力，養成自制情緒的良好習慣，有助於情緒的控制、發揮，以及運用，能讓自己擁有更好的反應能力。」那麼，CIA 是如何察覺情緒、控制情緒的呢？人們可以從以下幾點建議中學習到 CIA 探員普遍自控情緒的法則。

（1）體察自己的情緒

所謂的體察，就是指覺察，也就是說，時時關注自己的情緒變化。比如，問自己「我現在的情緒如何？」在 CIA 的情緒自控課程中，體察自己的情緒，也叫「自我檢討情緒」。比如，當你想要約朋友一起出遊，但是朋友因為其他事情，遲到許久，最終錯過了出遊的時間，為此你感到非常生氣，所以對朋友說話的語氣十分冷淡，而如果你捫心自問：「如果我也這樣做了，對方是什麼感覺？」如此一來，你就可以對自己的負

面情緒做更好的處理。要知道，只要有思維邏輯，就一定會產生情緒，而如果總是一味壓抑情緒，只會帶來反效果。所以，人們要像 CIA 探員一樣體察自己的情緒，這才是做好控制情緒和管理情緒的第一步。

（2）適當表達情緒

　　情緒不能一味控制，因為從某種意義上來講，控制也是一種壓制方式。在 CIA 看來，情緒是需要一個表達的出口的。同樣是遇到朋友遲到的情況，當你情緒憤怒的時候，你可以婉轉告訴對方：「我在這裡等了你很久，你卻一直沒有來，讓我很擔心，還以為你出了什麼事情來不了了呢？」試著把自己複雜的情緒表達出來，把自己的「擔心」傳遞給對方，讓對方了解你因為他的遲到而心裡不舒服；而如果你以相反的方式對待朋友，那麼你得到的結果也就是相反的。比如，當朋友遲到之後，你情緒激動指責對方說：「約定好的時間，你卻遲到，太不把我當朋友了！」這種情況極有可能會引出對方的負面情緒，因此，他可能會反駁說：「因為其他事情耽擱了嘛，你以為我想遲到嗎？！你自己不也經常遲到，還好意思說我！」如此一來，兩人就只能不歡而散，更別提一起出去遊玩了。

　　由此可見，如何表達情緒也是有一定技巧的。CIA 提醒人們，表達情緒的目的，在於讓自己變得理智，理清思維，讓自己和對方都不至於陷入尷尬境地，並讓自己以正面的情緒面對事物。如果你把表達情緒理解為發洩情緒，那麼情緒的發洩就演變成了逃避痛苦的方式，而這種逃避只是一時的，接下來你將會承受更多的痛苦。毫無疑問，這種方式是錯誤的。所以，

CIA 提醒你，應該從多角度出發，選擇適合自己的方法，恰當地表達情緒，從而使自己的思維邏輯變得更加理智，而不是讓情緒操控你。

官網

國家圖書館出版品預行編目資料

讀心博弈：FBI 和 CIA 的心理攻防技巧 / 王彥
著 . -- 第一版 . -- 台北市：清文華泉，2020.12
　　面；　公分
ISBN 978-986-5552-21-3(平裝)

1. 行為心理學 2. 肢體語言 3. 讀心術

176.8　　　109014507

讀心博弈：FBI 和 CIA 的心理攻防技巧

作　　者：王彥
編　　輯：楊佳琦
發 行 人：黃振庭
出 版 者：清文華泉事業有限公司
發 行 者：清文華泉事業有限公司
E - m a i l：sonbookservice@gmail.com
粉 絲 頁：https://www.facebook.com/sonbookss/
網　　址：https://sonbook.net/
地　　址：台北市中正區重慶南路一段六十一號八樓 815 室
Rm. 815, 8F., No.61, Sec. 1, Chongqing S. Rd., Zhongzheng Dist., Taipei City 100,
Taiwan (R.O.C)
電　　話：(02)2370-3310　　　傳　　真：(02) 2388-1990
印　　刷：京峯彩色印刷有限公司（京峰數位）

── 版權聲明 ──

定　　價：380 元
發行日期：2020 年 12 月第一版

臉書

蝦皮賣場